語学三十六景【中国語入門】

相原 茂・陳 淑梅 著

東方書店

まえがき

　葛飾北斎は私が尊敬する画家の一人である．日本が生んだ世界的な天才といってよい．

　その葛飾北斎の協力を得て，実際は勝手に引っぱり出してだが，このような中国語のテキストを出せるのはちょっとうれしい．

　北斎の絵は，本書の随所に見られる．江戸風の画風はすぐにそれと分かるだろうが，最大の見所はやはり「なぞなぞ」に配されたイラストである．ぱらぱらとめくりながら十分に堪能していただきたい．

　本書は発音編と本編からなり，本編は4つのユニットよりなる．

　　ユニット1：あいさつ言葉を学ぶ
　　ユニット2：自分のことを話す
　　ユニット3：人にものをたずねる
　　ユニット4：人を誘い，人に頼む

　全体的には，本書を通して4つのコミュニカティヴな技能を学ぶというのが基本コンセプトである．4つとは要約すれば「あいさつ」「自己紹介」「人に聞く」「人に頼む」である．いずれも外国語を学ぶ以上，最低身に付けたい基本的なことだ．

　具体的な内容については，後ろの「この本の構成」をごらんいただきたい．

　はたして皆さんに愛用していただける教材に仕上がったかどうか，判断は教授者と学習者の皆さんにゆだねるしかないが，私たちは北斎の名にはじぬよう努力したつもりである．使用されてみてのご提言，ご意見をいただければありがたい．

　本書の作成にあたっては，企画の段階から最後まで，一貫して東方書店の古屋順子さんの献身的な協力を得ることができた．彼女は社員としてよりもむしろ著者の分身として煩雑な任務を担当され，これを遂行された．記して感謝のことばとしたい．

　　　　　　　　　　　　1999年深秋　　　　　　著　者

目次

まえがき　iii
この本の構成　vi

発音編

第 1 课　発音(1) ───────────────────────────── 2
　1 声調　2 単母音　3 複母音

第 2 课　発音(2) ───────────────────────────── 6
　1 声母表　2 無気音と有気音　3 そり舌音　4 消える o と e　5 三つの i

第 3 课　発音(3) ───────────────────────────── 10
　1 鼻音（-n,-ng）を伴う母音　2 再び消える e　3 e のヴァリエーション

第 4 课　発音(4) ───────────────────────────── 14
　1 第 3 声＋第 3 声→第 2 声＋第 3 声　2 軽声　3 bu〔不〕の声調変化　4 声調の組合せ

ユニット 1

第 5 课　初次见面　はじめまして ──────────────── 20
　1 人称代名詞　2 姓名の聞き方　3 名詞＋"呢"ne　4 "很高兴"hěn gāoxìng　5 "也"yě

第 6 课　对不起　ごめんなさい ────────────────── 28
　1 "有"yǒu と "没有"méiyou　2 "我们是老朋友"　3 "…吗"ma　4 "怎么样"zěnmeyàng

第 7 课　打扰您　お邪魔します ─────────────────── 36
　1 "喝茶"hē chá　2 "请"qǐng　3 "这／那"zhè／nà　4 「少し」のいろいろ

第 8 课　学习非常紧张　勉強が大変 ──────────────── 44
　1 "的"de　2 "和"hé　3 "都"dōu　4 "学生们学习非常紧张"

ユニット 2

第 9 课　你多大岁数?　おいくつですか？ ──────────── 54
　1 数字と年月日　2 モノを数える　3 "多"duō＋形容詞　4 "比"bǐ　5 "我今年十九岁"

第 10 课　你叫什么名字?　お名前は？ ─────────────── 62
　1 "这"zhè"那"nà"哪"nǎ　2 曜日の言い方　3 "谁"shéi　4 "课难不难？"　5 "谁教你们文学课？"

第 11 课　你父母做什么工作?　ご両親はどんなお仕事をしていますか？ ─── 70
　1 二つの"在"zài　2 "过"guo　3 "不"bù と "没"méi　4 "你是不是对我有兴趣？"

第 12 课　自我介绍　自己紹介 ───────────────────── 78
　1 "的"de　2 程度副詞のいろいろ　3 "比如"bǐrú　4 "喜欢"xǐhuan

ユニット3

第13课　东方商场怎么走？　東方商場はどう行きますか？ ——— 88
1 "怎么" zěnme　2 "从" cóng, "往" wǎng, "离" lí　3 "过了十字路口"　4 時間の言い方

第14课　能不能便宜一点儿？　少し安くできませんか？ ——— 96
1 結果補語　2 "可以" kěyǐ と "能" néng　3 文末の "了₂" le　4 "…了点儿"　5 "给" gěi
6 "试试" shìshi

第15课　来一斤水饺　水餃子を1斤下さい ——— 104
1 人＋"这儿" zhèr／"那儿" nàr　2 可能補語　3 "来个鱼香肉丝"　4 度量衡

第16课　佐藤的一天　佐藤くんの1日 ——— 112
1 量詞のいろいろ　2 "还了半天价"　3 連動文　4 呼応文型

ユニット4

第17课　卡拉OK　カラオケ ——— 122
1 "会" huì　2 "唱得不好"　3 "再" zài と "又" yòu　4 "…着" zhe　5 "不要…" búyào

第18课　打电话　電話をかける ——— 130
1 動詞の進行形　2 "想" xiǎng「〜したい」と "要" yào「〜しなければ」　3 現象文
4 "请你吃日本菜"　5 時の表し方

第19课　托你一件事儿　1つ頼みたいことがあります ——— 138
1 "是…的" shì...de　2 "就要…了" jiù yào...le　3 方向補語　4 "把" bǎ

第20课　佐藤茂和陈芳　佐藤くんと陳芳さん ——— 146
1 "好几…" hǎo jǐ...　2 "为了…" wèile...　3 "让" ràng　4 "的" "得" "地"

索　引　155

```
━━━━ コラム「知るは楽しみ」目次 ━━━━
中国のおやつ　18
中国の交通標識　52
今日は何の日？──中国の "节日"（祝日・記念日）　86
略称・別称　120
名作名訳　154
```

◆コラム「知るは楽しみ」は月刊『中国語』（内山書店刊）連載の「マルユーランド」からの転載です。

本文挿画：葛飾北斎

池田朱実・加藤浩志

[この本の構成]

本文

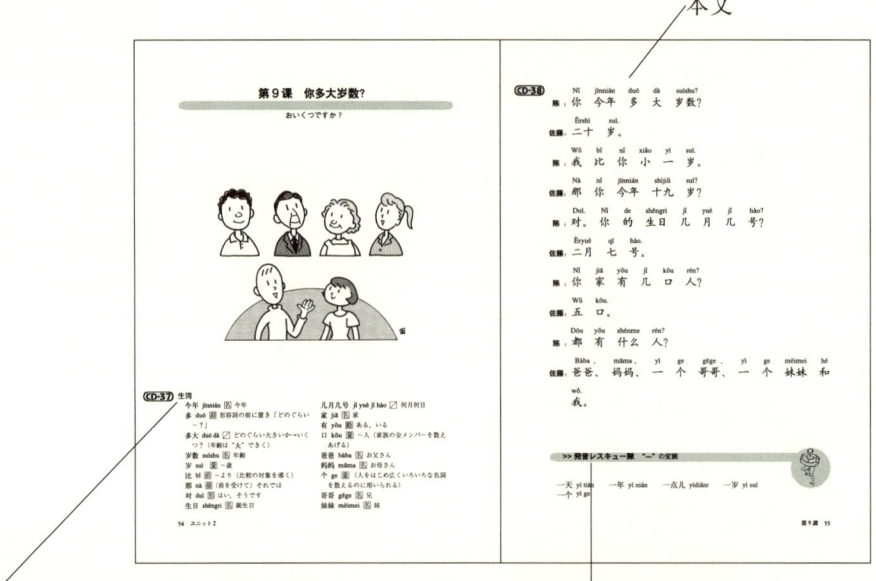

生詞：本文に出てくる新出単語、語句の意味。

発音レスキュー隊：
発音の注意事項を述べます。
イラストは江戸時代の浮き輪。

リピート：本文を再録してあります。
漢字のみで読めるか確認しましょう。

文法のポイント：
本文の文法ポイントの簡潔な解説と例文です。

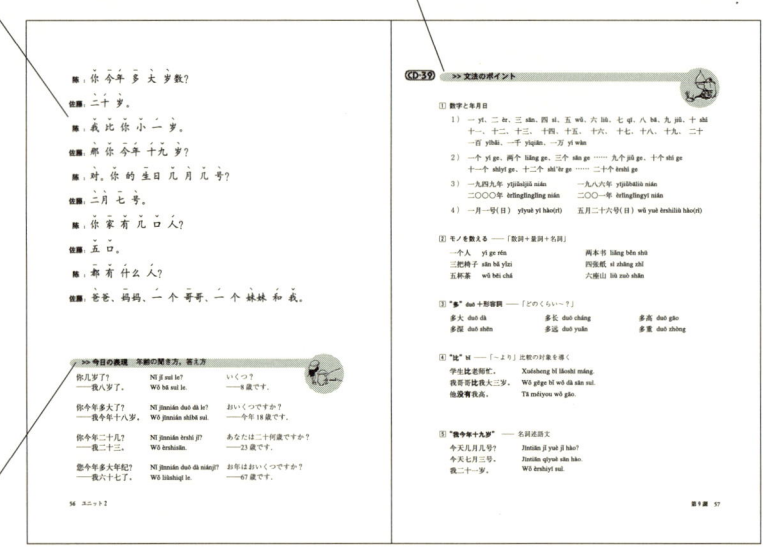

今日の表現：コミュニケーションの上から役に立つ表現をのせてあります。

ドリル：コミュニケーション能力を養えるよう、リスニング力の養成に重点をおいています。

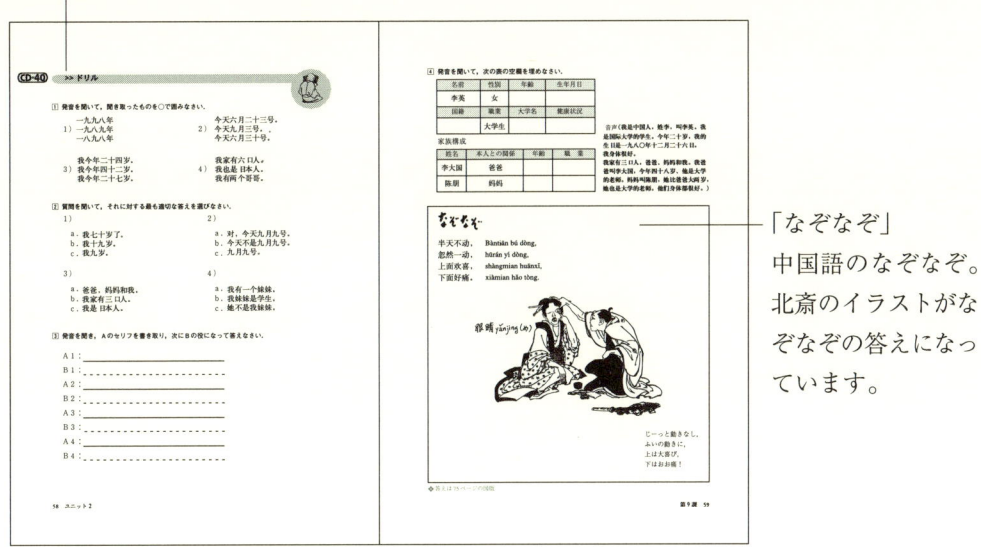

「なぞなぞ」中国語のなぞなぞ。北斎のイラストがなぞなぞの答えになっています。

復習チェックシート：その課の新出単語や文法事項などの必須項目が自分でチェックできるようにまとめられています。自宅での復習に活用できます。

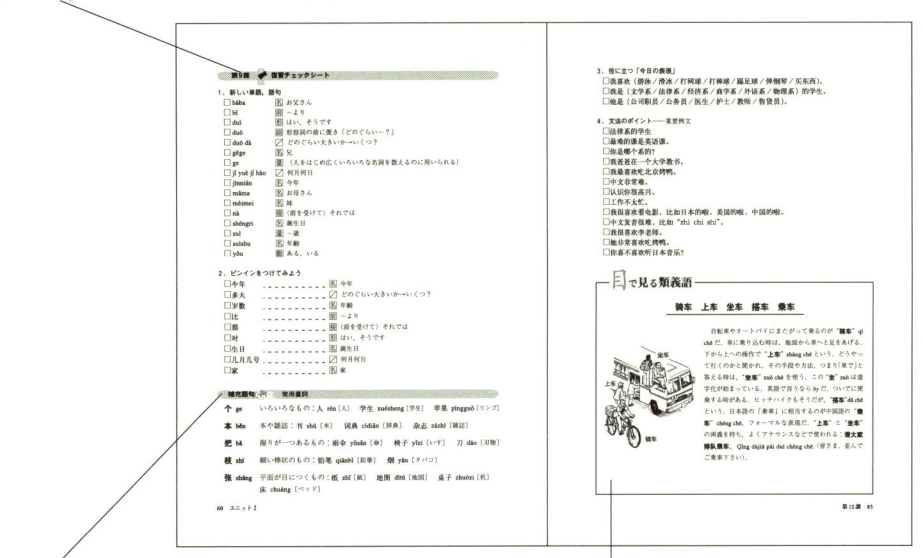

「補充語句」語彙を増やしたい人のためのプラスアルファ。

「目で見る類義語」4課ごとにもうけられています。中国語のやさしい類義語の区別を絵で理解できます。

発音編

いいかい
ことばは音だよ

第1课　発音(1)

中国語は漢字で表記されている．漢字は見れば意味がとれるものが少なくない．しかし，言葉は音である．音を正確につかまえるため，漢字の音をローマ字で表す．このローマ字のことをピンイン（"拼音" pīnyīn）と言う．ピンインを読み，ピンインを書くことから中国語の学習をはじめる．

猫
māo

1 声　調

ā　　á　　ǎ　　à

第1声：高く平ら　　　　　　mā〔妈〕
第2声：急激に上昇　　　　　má〔麻〕
第3声：低くおさえる　　　　mǎ〔马〕
第4声：急激に下降　　　　　mà〔骂〕
軽　声：軽く短く　　　　　　māma〔妈妈〕

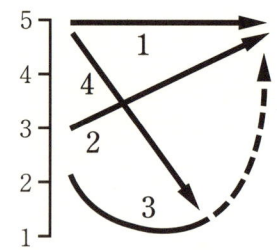

こうして発声——力の入れ所・抜き所

　第1声　　　第2声　　　第3声　　　第4声

練習

Māma mà mǎ.
妈妈 骂 马。

2 単母音

a 口を大きくあけて舌を下げ，明るく「アー」を出す．

o 日本語の「オ」よりも唇をまるく突き出して発音する．

e oを発音し，唇の力をぬき，ぽけっとした表情で，のどの奥で「ウ」というつもりで．

i 子供が「イーッ！」というときの「イ」．唇を左右にひく．

u 日本語の「ウ」よりも思いきって唇をまるくつきだし，口の奥から声を出す．

ü 上のuをいう唇の形で「イ」をいう．横笛を吹くときのようなおちょぼ口になる

er 上の母音aともeともつかぬあいまいな音を出し，同時に舌先をヒョイとそり上げる．

練習

a — ā á ǎ à	i — yī yí yǐ yì
o — ō ó ǒ ò	u — wū wú wǔ wù
e — ē é ě è	ü — yū yú yǔ yù
er — ēr ér ěr èr	

〈広い〉　　　　　　　　　〈狭い ⇨ 書き替え〉

第1課　3

3 複母音

	a	o	e	ai	ei	ao	ou
i	ia	/	ie	/	/	iao	iou
u	ua	uo	/	uai	uei	/	/
ü	/	/	üe	/	/	/	/

＞型（しりすぼみ型）　ai　　ei　　ao　　ou
＜型（発展型）　　　　ia　　ie　　ua　　uo　　üe
◇型（ひしもち型）　　iao　　iou　　uai　　uei

練習

ai	──	āi	ái	ǎi	ài
ei	──	ēi	éi	ěi	èi
ao	──	āo	áo	ǎo	ào
ou	──	ōu	óu	ǒu	òu
ia	──	yā	yá	yǎ	yà
ie	──	yē	yé	yě	yè
iao	──	yāo	yáo	yǎo	yào
iou	──	yōu	yóu	yǒu	yòu
ua	──	wā	wá	wǎ	wà
uo	──	wō	wó	wǒ	wò
uai	──	wāi	wái	wǎi	wài
uei	──	wēi	wéi	wěi	wèi
üe	──	yuē	yué	yuě	yuè

〈ここから下は i, u, ü で始まるので書き替える〉

〈ここは ü の 2 点もなくなる〉

>> ドリル

① 発音されたものを＿＿＿に書きなさい．

1) mā má mǎ mà ＿＿ 2) mā má mǎ mà ＿＿
3) mā má mǎ mà ＿＿ 4) mā má mǎ mà ＿＿

② 第1声から第4声まで発音しましょう．次に一つだけ発音します．それを＿＿＿に書きなさい．

1) ā á ǎ à ＿＿ 2) ō ó ǒ ò ＿＿
3) ē é ě è ＿＿ 4) yī yí yǐ yì ＿＿
5) wū wú wǔ wù ＿＿ 6) yū yú yǔ yù ＿＿

③ 発音を聞いて声調記号をつけなさい．

1) a 2) o 3) e 4) yi
5) wu 6) yu 7) ma 8) er

④ 発音を聞いて声調記号をつけなさい．

1) mama 2) mama 3) mama 4) mama
5) mama 6) mama 7) mama 8) mama

⑤ 次のピンインを発音しましょう．次にどれか一つを発音します．それを○で囲みなさい．

1) yī wū yū 2) wǒ ě wǔ
3) á yá wá 4) yè yuè yù

⑥ 発音を聞いてピンインで書きなさい．

1) ▫ ＿＿ 2) ▫ ＿＿ 3) ▫ ＿＿ 4) 🐟 ＿＿

◆声調記号をどこにつけるか？◆

1) a があればのがさずに， → māo guǎi
2) a がなければ，e か o をさがし， → yuè duō
3) i, u が並べば後ろにつけて， → jiǔ huì
4) 母音1つには迷わずに， → tì lǜ

なお，i につける時は上の点をとり yī, yí, yǐ, yì のように．

第1課　5

第2课　発音(2)

　中国語の音節は〈声母＋韻母〉からなる．下のイラストは中国語の音節怪獣「アクハシ」．頭の部分を「声母」，首から下を「韻母」という．この課では「声母」，すなわちアタマにあたる子音を学ぶ．

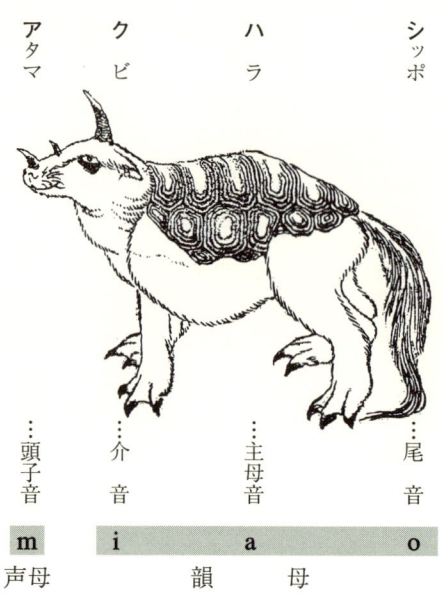

アタマ　　クビ　　　ハラ　　　　シッポ

……頭子音　……介音　……主母音　……尾音

| m | i | a | o |

　声母　　　　　韻母

1 声母表

	〈無気音〉	〈有気音〉	〈鼻音〉	〈摩擦音〉	〈有声音〉
唇　音	b(o)	p(o)	m(o)	f(o)	
舌尖音	d(e)	t(e)	n(e)		l(e)
舌根音	g(e)	k(e)		h(e)	
舌面音	j(i)	q(i)		x(i)	
そり舌音	zh(i)	ch(i)		sh(i)	r(i)
舌歯音	z(i)	c(i)		s(i)	

b o　母音oでやぶる

p o　息でやぶる

pà!

2 無気音と有気音

```
b ── p    bo   po    ba   pa    bao  pao
d ── t    de   te    da   ta    duo  tuo
g ── k    ge   ke    gu   ku    gai  kai
z ── c    zi   ci    ze   ce    zao  cao
j ── q    ji   qi    ju   qu    jue  que
```

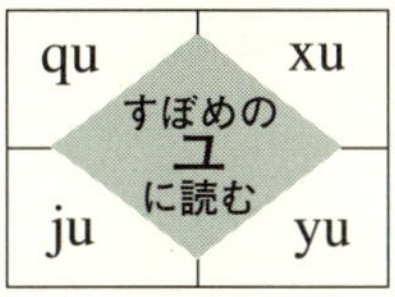

〈üがj, q, xの直後に続く時は，üの‥をとってuにする〉

3 そり舌音

zh(i) ── ch(i)

舌先で上の歯茎をなぞり上げる．硬い出っぱりの少し上に，やや深く落ち込んでいるところがある．その境目辺りに舌先を突っかい棒をするように当てがい，声を出す．声を出す瞬間には舌先を手前に引くように離して，

　　zhは無気音，息を抑えるように「ヂ」
　　chは有気音で，息を強く出して「チ」

sh(i) ── r(i)

そり上げた舌を歯茎につけず，少しすき間を残し，そこから息を通す．その時，声帯（のど）を振動させなければsh「シ」，いきなり声を出して声帯をふるわせればr「リ゛」．

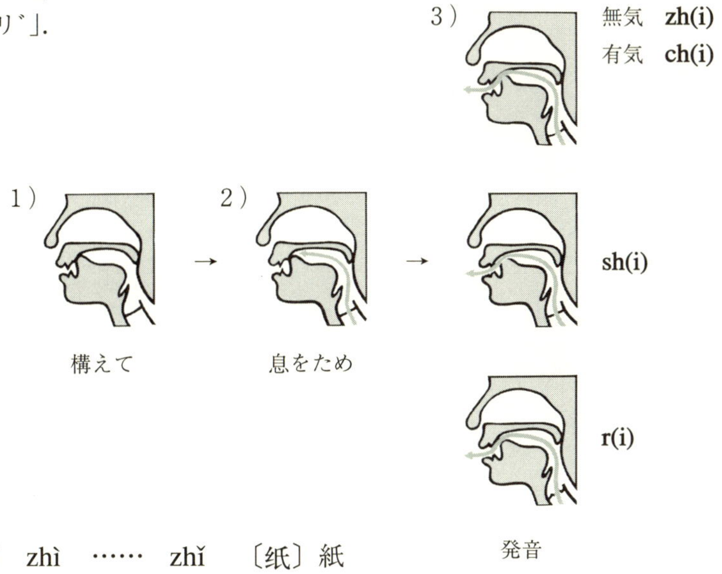

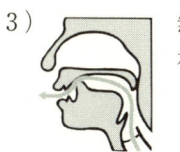

3) 無気 zh(i)
　　有気 ch(i)

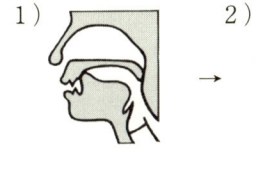

1) 構えて　2) 息をため

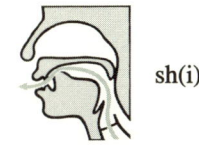

sh(i)

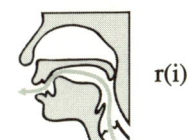

r(i)

発音

練習1

```
zhī  zhí  zhǐ  zhì  …… zhǐ  〔纸〕紙
chī  chí  chǐ  chì  …… chī  〔吃〕食べる
shī  shí  shǐ  shì  …… shí  〔十〕10
rī   rí   rǐ   rì   …… rì   〔日〕日
```

練習2

zǐ〔子〕　　cā〔擦〕　　sū〔苏〕　　lì〔力〕

zhǐ〔纸〕　　chā〔插〕　　shū〔书〕　　rì〔日〕

CD 1-8

④ 消える o と e

複母音 iou, uei が声母と結合して音節をつくる場合は，iᵒu, uᵉi のように，まん中の母音が弱くなる．このため，次のように o や e を省略して綴る（但し，第3声の時はわりあい明瞭に聞こえる）．

l + iou → liu　　j + iou → jiu　　〈消える o〉

t + uei → tui　　h + uei → hui　　〈消える e〉

練習

liū　liú　liǔ　liù　…… liù〔六〕6

jiū　jiú　jiǔ　jiù　…… jiǔ〔酒〕酒

tuī　tuí　tuǐ　tuì　…… tuǐ〔腿〕あし

huī　huí　huǐ　huì　…… huì〔会〕できる

CD 1-9

⑤ 三つの i

ji　qi　xi　…… [i] 鋭い i

zhi　chi　shi　ri　…… [ɿ] こもった i

zi　ci　si　…… [ʅ] 口を平らにあける i

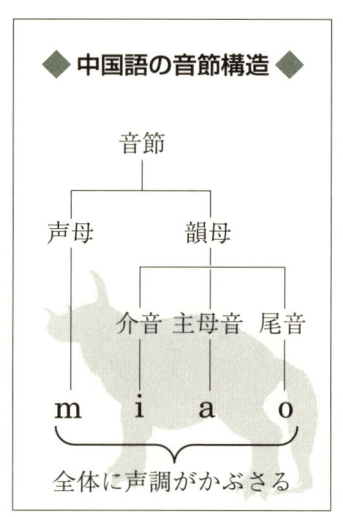

8　発音編

>> ドリル

1. 無気音と有気音——全部で6組の対立があります．発音したのは右か左か．□にチェックしなさい．

   1) b ←→ p   □ bá 〔拔〕抜く   □ pá 〔爬〕はう
   2) d ←→ t   □ dà 〔大〕大きい   □ tà 〔踏〕踏む
   3) g ←→ k   □ gǎo 〔搞〕する   □ kǎo 〔烤〕あぶる
   4) j ←→ q   □ jī 〔鸡〕鶏   □ qī 〔七〕7
   5) zh ←→ ch □ zhū 〔猪〕ブタ   □ chū 〔出〕出る
   6) z ←→ c   □ zài 〔再〕再び   □ cài 〔菜〕料理

2. 右か左かどちらか発音します．発音された方を○で囲みなさい．

   1) cǎo   kǎo   2) lè   rè
   3) hēi   fēi   4) duō   tuō

3. 各セットのうち2つを発音します．発音された順に1，2を書き入れなさい．

	zū ( )		sū ( )		jī ( )		shī ( )
1)	zī ( )	2)	sī ( )	3)	qī ( )	4)	xī ( )
	zē ( )		sē ( )		qū ( )		xū ( )

4. 1から10までの数を覚えましょう．発音を聞いて声調記号をつけなさい．

   一 yi   二 er   三 san   四 si   五 wu
   六 liu   七 qi   八 ba   九 jiu   十 shi

5. 発音を聞いて，単語をピンインで書きなさい．消えるo，消えるeに注意．

   1) 纸   2) 嘴   3) 树   4) 酒

　_____　　　_____　　　_____　　　_____

第3课　発音⑶

　中国語の韻母には -n, -ng で終わるものがある．日本語は -n か -ng かを区別せず「ン」と思っているが，例えば「アンナイ（案内）」では n が，「アンガイ（案外）」では ng があらわれている．さらに「あんパン」と言う時は m が，「さんえん（3円）」では鼻音化が観察される．唇や舌の位置に思いを馳せてみよう．

1 鼻音（-n, -ng）を伴う母音

an	en	ang	eng	ong
ian	in	iang	ing	iong
(yan)	(yin)	(yang)	(ying)	(yong)
uan	uen	uang	ueng	
(wan)	(wen)	(wang)	(weng)	
üan	ün			
(yuan)	(yun)			

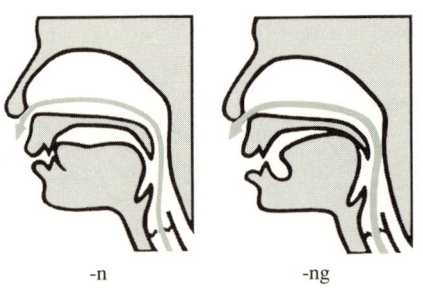

-n　　-ng

> 練習

1) an ── ang

　　fàn〔饭〕　　　fàng〔放〕
　　sān〔三〕　　　sāng〔桑〕
　　shān〔山〕　　　shāng〔伤〕
　　wán〔完〕　　　wáng〔王〕

2) en ── eng

　　pén〔盆〕　　　péng〔朋〕
　　fēn〔分〕　　　fēng〔风〕
　　zhēn〔真〕　　　zhēng〔争〕
　　wēn〔温〕　　　wēng〔翁〕

3) in ── ing

　　yīn〔因〕　　　yīng〔英〕
　　mín〔民〕　　　míng〔明〕
　　jǐn〔紧〕　　　jǐng〔景〕
　　xìn〔信〕　　　xìng〔姓〕

4) ian ── iang

　　yán〔言〕　　　yáng〔杨〕
　　qián〔钱〕　　　qiáng〔强〕
　　xiān〔先〕　　　xiāng〔香〕
　　nián〔年〕　　　niáng〔娘〕

───◆ -n か -ng か？◆───────────────

-n で終るのか -ng で終るのか迷うことがありますが，次のような対応関係を知っておくと便利です．

中国語で　-n　→　日本漢字音で「ーン」で終わる
　　例：山　shān －サン　前　qián －ゼン

中国語で　-ng　→　日本漢字音で「ーウ」または「ーイ」で終わる
　　例：送　sòng －ソウ　党　dǎng －トウ　景　jǐng －ケイ

CD 1-12

2 再び消えるe

uen が声母に続く場合，u^en のようにまん中の母音が弱くなる．このためピンイン綴りでは，次のように，e が消える．

k + uen → kun　　c + uen → cun

練習

kūn　kún　kǔn　kùn　……　kùn 〔困〕

cūn　cún　cǔn　cùn　……　cūn 〔村〕

CD 1-13

3 e のヴァリエーション

e は本来あいまいな音，だれと相棒を組むかで音色が変わる．前寄りの i や ü と組むと，それにひきずられてハッキリ音「エ」になる．

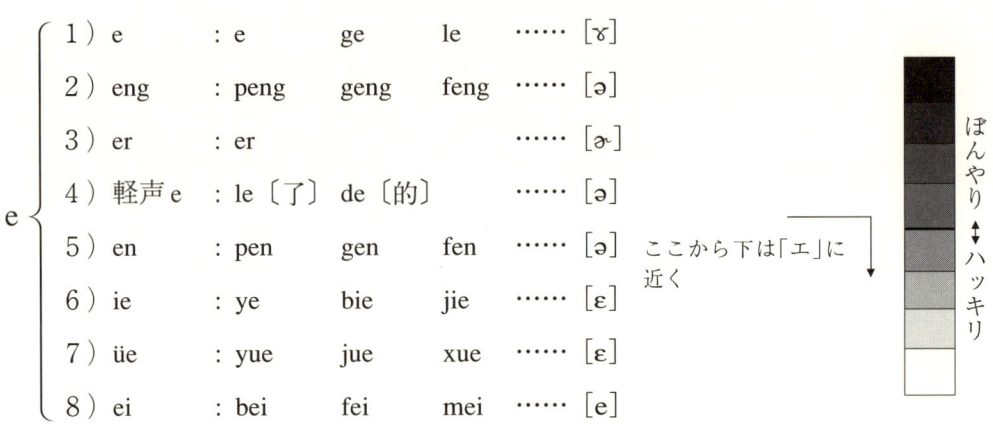

〈e が母音と組むと常にハッキリ音「エ」〉

>> ドリル

1. どちらか発音された方を_____に書きなさい．

   1) an　　en　_____
   2) ang　　eng　_____
   3) yan　　yang　_____
   4) an　　in　_____
   5) en　　eng　_____
   6) wan　　wen　_____

2. 右か左かどちらかを発音します．発音された方の□にチェックしなさい．

   1) □ fàn　〔饭〕ご飯　　　□ fàng　〔放〕置く
   2) □ yànzi　〔燕子〕つばめ　□ yàngzi　〔样子〕様子
   3) □ qián　〔钱〕お金　　　□ qiáng　〔强〕強い
   4) □ chén　〔陈〕陳　　　　□ chéng　〔城〕まち

3. おなじみの中国語，発音を聞いて声調記号をつけなさい．

   1) 上海　　2) 青椒肉丝　　3) 乌龙茶　　4) 麻婆豆腐

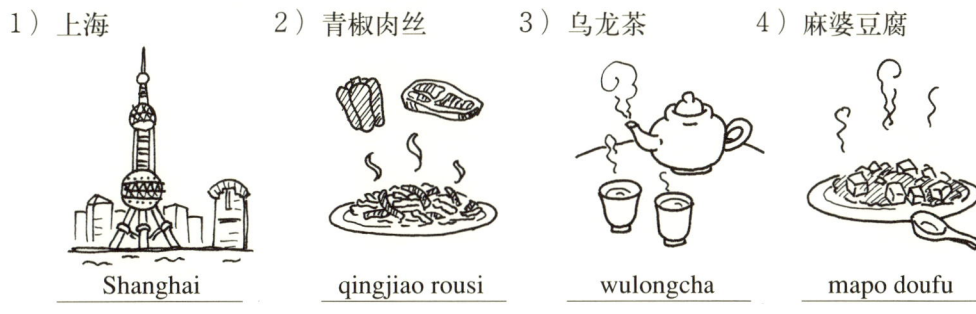

　Shanghai　　qingjiao rousi　　wulongcha　　mapo doufu

4. 発音を聞いて，単語をピンインで書きとりなさい．

   1) 山　　2) 汤面　　3) 风　　4) 香港

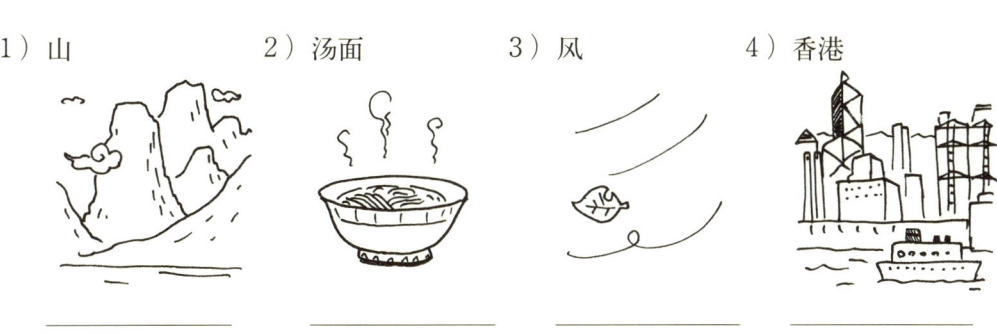

第4课　発音(4)

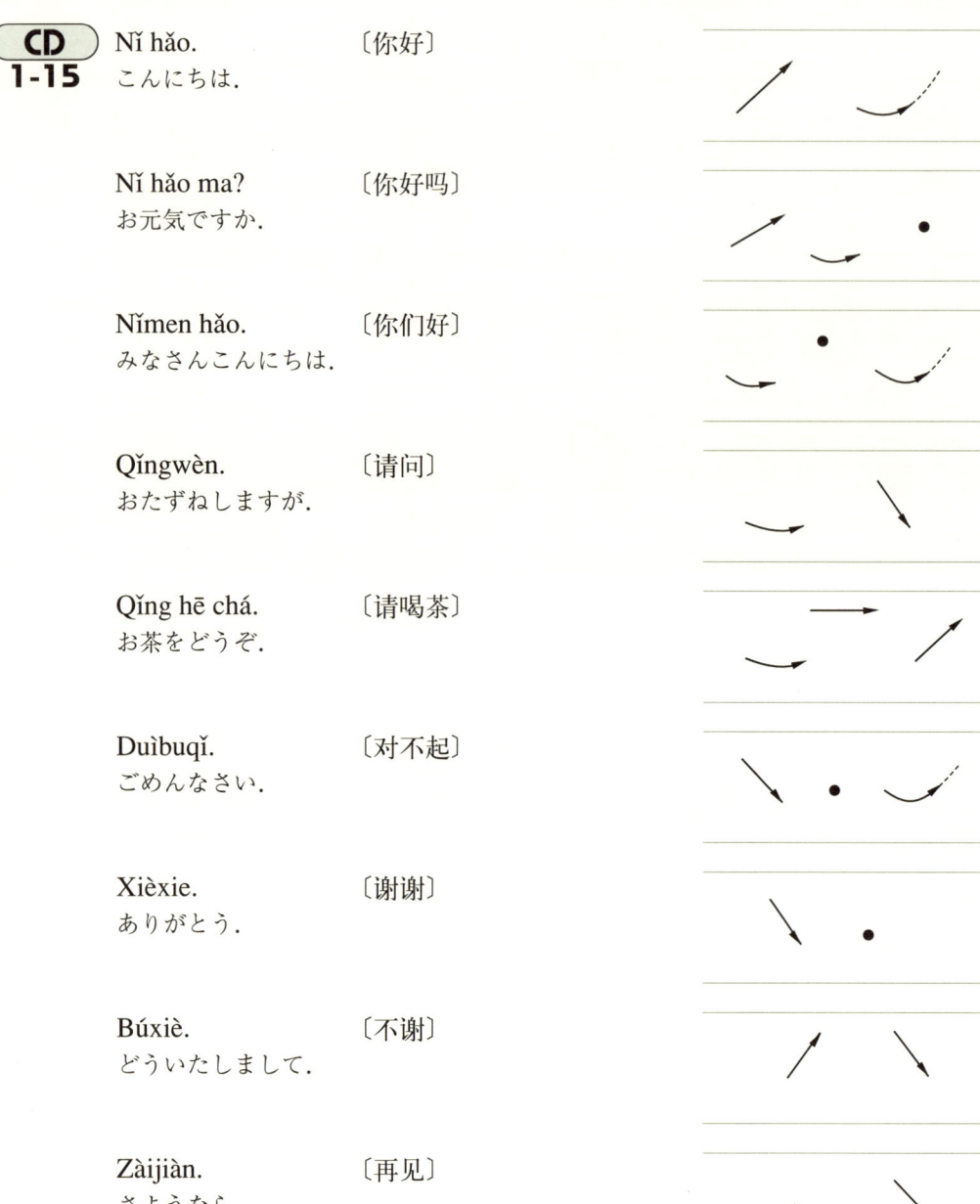

Nǐ hǎo.　　〔你好〕
こんにちは.

Nǐ hǎo ma?　〔你好吗〕
お元気ですか.

Nǐmen hǎo.　〔你们好〕
みなさんこんにちは.

Qǐngwèn.　　〔请问〕
おたずねしますが.

Qǐng hē chá.　〔请喝茶〕
お茶をどうぞ.

Duìbuqǐ.　　〔对不起〕
ごめんなさい.

Xièxie.　　〔谢谢〕
ありがとう.

Búxiè.　　〔不谢〕
どういたしまして.

Zàijiàn.　　〔再见〕
さようなら.

1 第3声＋第3声 → 第2声＋第3声

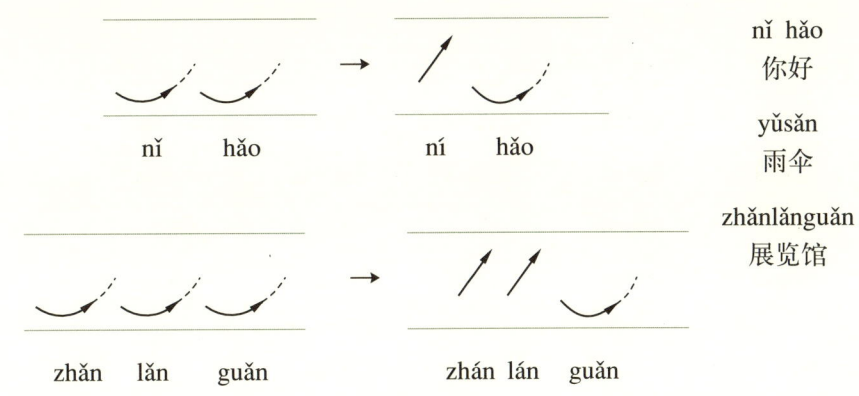

〈変調しても，声調記号はもとの3声のままにしておく〉

2 軽　声

軽声はそれ自体は決まった高さがなく，前の音節に続けて軽くそえる．

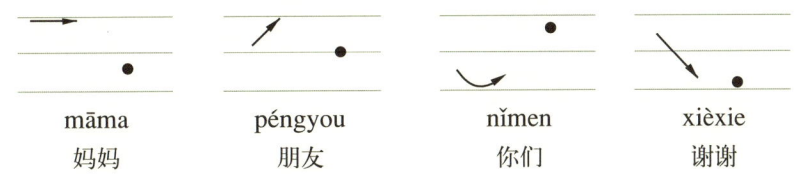

3 bu〔不〕の声調変化

否定を表す bù〔不〕は本来第4声であるが，後に第4声が来ると，bù は第2声に変化する．声調記号も変化した第2声のマークをつける．

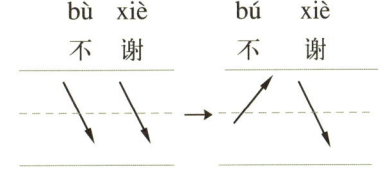

練習

bù ＋ 第1声： bù chī 〔不吃〕食べない
bù ＋ 第2声： bù lái 〔不来〕来ない　　　　変化しない
bù ＋ 第3声： bù mǎi 〔不买〕買わない
bù ＋ 第4声： bù qù 〔不去〕ゆかない　　→第2声に変化

4 声調の組合せ

2つの音節が合わさると，その声調パターンは全部で20通り．

	1	2	3	4	0
1	māmā	māmá	māmǎ	māmà	māma
2	mámā	mámá	mámǎ	mámà	máma
3	mǎmā	mǎmá	mǎmǎ	mǎmà	mǎma
4	màmā	màmá	màmǎ	màmà	màma

練習 具体的な名詞で声調パターンを練習しよう．

	1	2	3	4	0
1	Dōngjīng 东京	Zhōngguó 中国	Xiānggǎng 香港	Shēnzhèn 深圳	māma 妈妈
2	Táiwān 台湾	Yúnnán 云南	Héběi 河北	Fújiàn 福建	yéye 爷爷
3	Běijīng 北京	Měiguó 美国	Měnggǔ 蒙古	Wǔhàn 武汉	nǎinai 奶奶
4	Sìchuān 四川	Guìlín 桂林	Rìběn 日本	Yìndù 印度	bàba 爸爸

云南＝雲南
爷爷＝父方の祖父
美国＝アメリカ
蒙古＝モンゴル
武汉＝武漢
奶奶＝父方の祖母
印度＝インド
爸爸＝お父さん

>> ドリル

1 発音を聞いて，ピンインで書き取り，漢字に直しなさい．

1) _____   ------------------------
2) _____   ------------------------
3) _____   ------------------------
4) _____   ------------------------
5) _____   ------------------------

2 発音を聞いて，声調記号をつけなさい．

1) 中国　　　Zhongguo　　　2) 大学生　　daxuesheng
3) 东南西北　dong nan xi bei　4) 朋友　　　pengyou
5) 奥林匹克　Aolinpike　　　6) 日本东京　Riben Dongjing

3 発音を聞いて，声調記号をつけ，意味を言いなさい．

1) Ni hao ma?　　_____
2) Mama hao ma?　_____
3) Baba hao ma?　_____

4 bu に声調記号をつけなさい．次に発音を聞き，正しく声調がつけられているか確認しなさい．

1) 不吃　bu chī　　　2) 不来　bu lái
3) 不好　bu hǎo　　　4) 不问　bu wèn

◆ r 化（音節の末尾で舌をそり上げる）◆

1) huār   māor
   花儿   猫儿   〈変化なし〉
2) wánr   yìdiǎnr
   玩儿   一点儿   〈-n 脱落〉
3) xiǎoháir   wèir
   小孩儿   味儿   〈複母音の -i 脱落〉
4) yǒu kòngr diànyǐngr
   有 空儿   电影儿   〈鼻音化〉

中国のおやつ

「カステラ1番，電話は2番，3時のおやつは…」とお馴染みのCMでも歌われているように（あ，古いなぁ），日本ではおやつの時間は3時と決まっている．江戸時代，八つ時（午後2時～4時）に間食する習慣があったことから「御八つ」．その歴史は長い．

中国語版「おやつ」は"零食"língshí，つまり"零碎的食品"língsuì de shípǐnのこと．しかしおおらかな中国，時間など全く気にしない．気の合う仲間と，うわさ話のタネと，"零食"さえあればいつでもどこでもおやつタイムなのである．

中国の国民的おやつ"瓜子儿"guāzǐrは"葵花"kuíhuā（ひまわり），"西瓜"xīguā（すいか）などの"子儿"（種）を塩で煎ったもの．歯で縦に挟んで殻を割り，中の実を食べる．"瓜子儿"が話好きな中国人の心をぎゅっとつかんで放さないのには訳がある．おしゃべりと"瓜子儿"はとても相性がいいからだ．どちらも一度始めると「やめられない，とまらない」（こ，これも古い！）．さらに殻を割る音とリズムとうわさ話が，ラップミュージックさながら，おしゃべりを盛り上げる．

しかし，後でふと冷静になって考えると，白熱した議論の内容も思い出せないし，夢中になって食べた"瓜子儿"も腹を満たしていない．おしゃべりと"瓜子儿"，これで中国人が日頃のストレスを発散しているのは間違いない．

さて右の欄外に並べた中国でよく食べられるおやつ，いくつご存じですか？

○　　　○　　　○

❶话梅 huàméi：塩と砂糖で漬け，日に干した梅干し．なんとも不思議な味がする．食欲増進の作用がある．

❷牛肉干 niúròugān：ビーフジャーキー．乾燥した味付け牛肉のこと．かなりあごが疲れる．

❸山楂片 shānzhāpiàn：サンザシの果肉で作ったお菓子．赤く円形の薄型状で甘酸っぱい．

❹糖葫芦 tánghúlu：サンザシの実を5～6個串に刺し，氷砂糖を溶かしたあめをからませた菓子．串に刺した形が"葫芦"（ひょうたん）に似ているのでこう呼ばれる．日本のりんごあめのようなもの．露天で売られていて，子供に人気がある．

ユニット 1

あいさつもできさん奴は
ろくなもんじゃねえ

第5课　初次见面

はじめまして

生词

请问 qǐngwèn 動 お尋ねしますが…
贵姓 guìxìng 名 お名前は（姓をきく）
姓 xìng 動 ～を姓とする
呢 ne 助 ～は？
叫 jiào 動 ～という（"叫"を使えば必ず名を言う）
认识 rènshi 動 知り合う，見知っている
很 hěn 副 とても
高兴 gāoxìng 形 嬉しい
也 yě 副 も
以后 yǐhòu 名 これから，今後
请 qǐng 動 どうぞ～してください
多 duō 形 たくさん，多い
关照 guānzhào 動 世話をする，面倒を見る

佐藤：Nǐ hǎo!
你 好！

陈：Nǐ hǎo!
你 好！

佐藤：Qǐngwèn, nǐ guìxìng?
请问， 你 贵姓？

陈：Wǒ xìng Chén. Nǐ ne?
我 姓 陈。 你 呢？

佐藤：Wǒ xìng Zuǒténg, jiào Zuǒténg Mào.
我 姓 佐藤， 叫 佐藤 茂。

陈：Rènshi nǐ, wǒ hěn gāoxìng.
认识 你， 我 很 高兴。

佐藤：Wǒ yě hěn gāoxìng.
我 也 很 高兴。

陈：Yǐhòu qǐng duō guānzhào.
以后 请 多 关照。

>> 発音レスキュー隊

軽声は軽く短く読む．直前の音節をきちんと発音することが大事．

妈妈 māma　　名字 míngzi　　你呢? Nǐ ne?　　认识 rènshi

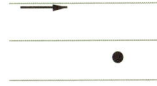   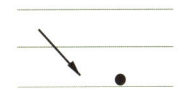

第 5 課　21

佐藤：你好！

陈：你好！

佐藤：请问，你贵姓？

陈：我姓陈。你呢？

佐藤：我姓佐藤，叫佐藤茂。

陈：认识你，我很高兴。

佐藤：我也很高兴。

陈：以后请多关照。

>> 今日の表現　初対面で

Nǐ hǎo.
你 好。　　　　　　　　　　こんにちは．

Nǐ guìxìng?
你 贵姓？　　　　　　　　　お名前は？

Rènshi nǐ, wǒ hěn gāoxìng.
认识 你，我 很 高兴。　　　お会いできて嬉しいです．

Yǐhòu qǐng duō guānzhào.
以后 请 多 关照。　　　　　どうぞよろしくお願いします．

>> 文法のポイント

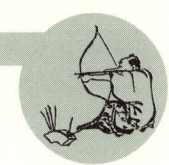

1 人称代名詞

第一人称	我 wǒ	我们 wǒmen
第二人称	你 nǐ（您 nín）	你们 nǐmen
第三人称	他 tā 她 它	他们 tāmen 她们 它们
疑　　問	谁 shéi	

2 姓名の聞き方 ——"姓"は姓のみ，"叫"は名を言う

您贵**姓**?　　　　　　Nín guìxìng?　　　　　——我姓陈。　　　Wǒ xìng Chén.
你**姓**什么?　　　　　Nǐ xìng shénme?　　　　——我姓陈。　　　Wǒ xìng Chén.
你**叫**什么名字?　　　Nǐ jiào shénme míngzi?　——我叫陈芳。　　Wǒ jiào Chén Fāng.

3 名詞＋"呢" ne ——「～は？」

我姓陈，你**呢**?　　Wǒ xìng Chén, nǐ ne?
我很好，你**呢**?　　Wǒ hěn hǎo, nǐ ne?
欸，佐藤**呢**?　　　Éi, Zuǒténg ne?

4 "很高兴" hěn gāoxìng ——述語が形容詞１つのときは"很"をつける

今天**很**热。　　　　Jīntiān hěn rè.
他**很**忙。　　　　　Tā hěn máng.
我今天**很**高兴。　　Wǒ jīntiān hěn gāoxìng.

5 "也" yě ——「も」

陈芳**也**很忙。　　Chén Fāng yě hěn máng.
我**也**姓陈。　　　Wǒ yě xìng Chén.
我**也**认识她。　　Wǒ yě rènshi tā.

第5課　23

>> ドリル

[1] 発音されたほうを○で囲みなさい．

1) guì / kuì   2) zhū / chū   3) xìn / xìng

4) hèn / hèng   5) xiǎo / jiǎo   6) tuō / duō

[2] 発音された単語を○で囲みなさい．

1) qǐngwèn / jǐngwèn / qíngwěn   2) gáoxǐng / gāoxìng / kāoxìng   3) rénshì / rènshi / zhēnshì

4) guānzhào / guǎnchào / guànzhǎo   5) chūzū / chūcì / chīcù   6) yíhou / yīhòu / yǐhòu

[3] 発音を聞いてピンインで書き取り，漢字に直しなさい．

　　　ピンイン　　漢字　　　　　　　　　ピンイン　　漢字
1) _____ (_____)　　2) _____ (_____)

3) _____ (_____)　　4) _____ (_____)

[4] 人称代名詞を聞き取り，ピンインと漢字で書きなさい。また複数形のあるものはそれを書きなさい。

1) _____ _____ → _____ _____

2) _____ _____ → _____ _____

3) _____ _____ → _____ _____

4) _____ _____ → _____ _____

5 発音を聞いて，それに対して最も自然な答えを選びなさい．

1) _____
   a．我叫陈芳。
   b．我很高兴。
   c．我姓陈。

2) _____
   a．我叫佐藤茂。
   b．你呢?
   c．以后请多关照。

3) _____
   a．我也很高兴。
   b．你贵姓?
   c．以后请多关照。

なぞなぞ

近朱者赤，　　Jìn zhū zhě chì,
近墨者黑。　　jìn mò zhě hēi.

舌头 shétou（した）

朱に近づけば赤くなり，
墨に近づけば黒くなる。

❖ 答えは 151 ページの図版

第5課 ✓ 復習チェックシート

1. 新しい単語，語句

- ☐ duō　　　　　形 たくさん，多い
- ☐ gāoxìng　　　形 嬉しい
- ☐ guānzhào　　動 世話をする，面倒を見る
- ☐ guìxìng　　　名 お名前は
- ☐ hěn　　　　　副 とても
- ☐ jiào　　　　　動 ～という
- ☐ ne　　　　　助 ～は？
- ☐ qǐng　　　　動 どうぞ～してください
- ☐ qǐngwèn　　 動 お尋ねしますが…
- ☐ rènshi　　　 動 知り合う，見知っている
- ☐ xìng　　　　動 ～を姓とする
- ☐ yě　　　　　副 も
- ☐ yǐhòu　　　　名 これから，今後

2. ピンインをつけてみよう

- ☐ 请问 _____　動 お尋ねしますが…
- ☐ 贵姓 _____　名 お名前は
- ☐ 姓 _____　動 ～を姓とする
- ☐ 呢 _____　助 ～は？
- ☐ 叫 _____　動 ～という
- ☐ 认识 _____　動 知り合う，見知っている
- ☐ 很 _____　副 とても
- ☐ 高兴 _____　形 嬉しい
- ☐ 也 _____　副 も
- ☐ 以后 _____　名 これから，今後
- ☐ 请 _____　動 どうぞ～してください
- ☐ 多 _____　形 たくさん，多い
- ☐ 关照 _____　形 世話をする，面倒を見る

補充語句 +α　日本人の名前

山田和夫　Shāntián Héfū〔山田和夫〕
远藤正行　Yuǎnténg Zhèngxíng〔遠藤正行〕
松本文也　Sōngběn Wényě〔松本文也〕
铃木阳子　Língmù Yángzǐ〔鈴木陽子〕
中村成美　Zhōngcūn Chéngměi〔中村成美〕
渡边利惠　Dùbiān Lìhuì〔渡辺利惠〕

26　ユニット1

3．役に立つ「今日の表現」
　□こんにちは．
　□お名前は？
　□お会いできて嬉しいです．
　□どうぞよろしくお願いします．

4．文法のポイント――重要例文
　□您贵姓?
　□你姓什么?
　□我姓陈。
　□你叫什么名字?
　□我叫陈芳。
　□我姓陈，你呢?
　□我很好，你呢?
　□欸，佐藤呢?
　□今天很热。
　□他很忙。
　□我今天很高兴。
　□陈芳也很忙。
　□我也姓陈。
　□我也认识她。

補充語句＋α　　中国人の名前

　　刘文生　Liú Wénshēng〔劉文生〕（男）
　　赵国炎　Zhào Guóyán〔趙国炎〕（男）
　　张经民　Zhāng Jīngmín〔張経民〕（男）
　　吕玉英　Lǚ Yùyīng〔呂玉英〕（女）
　　马兰萍　Mǎ Lánpíng〔馬蘭萍〕（女）
　　陆小妹　Lù Xiǎomèi〔陸小妹〕（女）

第6课　对不起

ごめんなさい

生词

对不起 duìbuqǐ 動 ごめんなさい
迟到 chídào 動 遅刻する
没关系 méi guānxi ☐ 関係ない→構いません，大丈夫です
好久不见 hǎojiǔ bú jiàn ☐ お久しぶりです
欸 éi 感 あれっ？
老朋友 lǎo péngyou ☐ 古い友人

老师 lǎoshī 名 先生，師匠
身体 shēntǐ 名 体
好 hǎo 形 よい
怎么样 zěnmeyàng 代 どうですか
忙 máng 形 忙しい
还好 hái hǎo ☐ まあまあよい，まあまあなんとか

CD 1-26

佐藤：
Duìbuqǐ, wǒ chídào le.
对不起，我 迟到 了。

陈：
Méi guānxi.
没 关系。

佐藤：
A! Lǐ lǎoshī, hǎojiǔ bú jiàn.
啊！李 老师，好久 不 见。

陈：
Éi? Nín rènshi tā ma?
欸？您 认识 他 吗？

李：
Wǒmen shì lǎo péngyou.
我们 是 老 朋友。

佐藤：
Lǐ lǎoshī, nín shēntǐ hǎo ma?
李 老师，您 身体 好 吗？

李：
Hěn hǎo. Nǐ zěnmeyàng? Máng ma?
很 好。你 怎么样？ 忙 吗？

佐藤：
Hái hǎo.
还 好。

>> 発音レスキュー隊　第3声の変調

李老师 Lǐ lǎoshī　　很好 hěn hǎo　　好久 hǎojiǔ　　身体好 shēntǐ hǎo

3音節以上：

展览馆　zhǎnlǎnguǎn　→　zhánlánguǎn
我也买　wǒ yě mǎi　→　wó yé mǎi
买［雨伞］mǎi yǔsǎn　→　mǎi yúsǎn
讲［语法］jiǎng yǔfǎ　→　jiǎng yúfǎ

第6課

佐藤：对不起，我迟到了。

陈：没关系。

佐藤：啊！李老师，好久不见。

陈：欸？您认识他吗？

李：我们是老朋友。

佐藤：李老师，您身体好吗？

李：很好。你怎么样？忙吗？

佐藤：还好。

>> **今日の表現**　あやまる

Duìbuqǐ. 对不起。	ごめんなさい．すみません．
Wǒ cuò le. 我错了。	私の間違いです．
Dōu shì wǒ bù hǎo. 都是我不好。	みな私のせいです．
Qǐng yuánliàng. 请原谅。	どうぞ許してください．

>> 文法のポイント

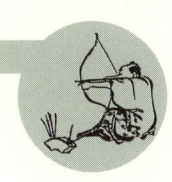

1 "有" yǒu と "没有" méiyou ──「ある」と「ない」

有关系。Yǒu guānxi. ⟷ 没（有）关系。Méi(you) guānxi.
我有中国朋友。Wǒ yǒu Zhōngguó péngyou.
　　　　　　　⟷ 我没（有）中国朋友。Wǒ méi(you) Zhōngguó péngyou.
今天有课。Jīntiān yǒu kè. ⟷ 今天没（有）课。Jīntiān méi(you) kè.

2 "我们是老朋友" ── "是" shì は「〜である」．話し手の判断を表す

他是老师。　　　　　Tā shì lǎoshī.
我是日本人。　　　　Wǒ shì Rìběnrén.
她们不是大学生。　　Tāmen bú shì dàxuéshēng. 〈"不"の変調〉

3 "…吗" ma ──「〜か？」

你是中国人吗？　　Nǐ shì Zhōngguórén ma?
你身体好吗？　　　Nǐ shēntǐ hǎo ma?
您认识他吗？　　　Nín rènshi tā ma?

4 "怎么样" zěnmeyàng ──「どうですか」

你身体怎么样？　　　　　Nǐ shēntǐ zěnmeyàng?
──还好。　　　　　　　──Hái hǎo.
天气怎么样？　　　　　　Tiānqì zěnmeyàng?
──天气很好。　　　　　──Tiānqì hěn hǎo.
我们吃中国菜，怎么样？　Wǒmen chī Zhōngguócài, zěnmeyàng?
──好啊。　　　　　　　──Hǎo a.

第6課　31

>> ドリル

1. 発音を聞いて，次のピンインに声調をつけなさい．

   1) chidao　　　　2) laoshi　　　　3) hai hao
   4) mei guanxi　　5) duibuqi　　　6) lao pengyou
   7) zenmeyang　　8) renshi　　　　9) chi

2. 発音を聞いて，ピンインに声調をつけ，漢字に直しなさい．

   1) shenti → _____　　　2) duibuqi → _____
   3) mang → _____　　　　4) haojiu bu jian → _____

3. 発音を聞いて書き取りなさい．次に，それに対して最も自然な答えを選びなさい．

   1) _____　　　2) _____
      a．我很高兴。　　　　　　　　　　　　a．你好。
      b．我很忙。　　　　　　　　　　　　　b．没关系。
      c．还好。　　　　　　　　　　　　　　c．你呢?

   3) _____　　　4) _____
      a．很忙。　　　　　　　　　　　　　　a．谢谢,我很好。
      b．我叫佐藤茂。　　　　　　　　　　　b．以后请多关照。
      c．我们吃中国菜。　　　　　　　　　　c．认识你很高兴。

4. 次の文に"呢"か"吗"をつけて，疑問文を作りなさい．

   1) 我们很忙，你们（　　）?
   2) 你也认识李老师（　　）?
   3) 我叫佐藤，你（　　）?
   4) 你身体好（　　）?

5 次の日本語を中国語に訳しなさい．

1) お久しぶりです．お元気ですか？

2) お身体はいかがですか？

3) あなたは忙しいですか。

4) すみません，遅刻しました．

なぞなぞ

玻璃丝，　　Bōli sī,
长又细，　　cháng yòu xì,
上接天，　　shàng jiē tiān,
下接地。　　xià jiē dì.

蜡烛 làzhú
（ローソク）

ガラスのお糸,
長くて細い,
天につながり,
地に接す。

❖ 答えは93ページの図版

第6課　復習チェックシート

1．新しい単語，語句

- □ chídào 　　　　動 遅刻する
- □ duìbuqǐ 　　　　動 ごめんなさい
- □ éi 　　　　　　　感 あれっ？
- □ hái hǎo 　　　　／ まあまあよい，まあまあなんとか
- □ hǎo 　　　　　　形 よい
- □ hǎojiǔ bú jiàn 　／ お久しぶりです
- □ lǎo péngyou 　　／ 古い友人
- □ lǎoshī 　　　　　名 先生，師匠
- □ máng 　　　　　形 忙しい
- □ méi guānxi 　　　／ 関係ない→構いません，大丈夫です
- □ shēntǐ 　　　　　名 体
- □ zěnmeyàng 　　　代 どうですか

2．ピンインをつけてみよう

- □ 对不起 　　　　　動 ごめんなさい
- □ 迟到 　　　　　　動 遅刻する
- □ 没关系 　　　　　／ 関係ない→構いません，大丈夫です
- □ 好久不见 　　　　／ お久しぶりです
- □ 欸 　　　　　　　感 あれっ？
- □ 老朋友 　　　　　／ 古い友人
- □ 老师 　　　　　　名 先生，師匠
- □ 身体 　　　　　　名 体
- □ 好 　　　　　　　形 よい
- □ 怎么样 　　　　　代 どうですか
- □ 忙 　　　　　　　形 忙しい
- □ 还好 　　　　　　／ まあまあよい，まあまあなんとか

補充語句＋α　二人の仲は……？

我们是
- 好朋友 hǎo péngyou〔親友〕
- 同学 tóngxué〔同級生〕
- 同事 tóngshì〔同僚〕
- 邻居 línjū〔隣人〕
- 同乡 tóngxiāng〔同郷〕

。

3．役に立つ「今日の表現」
　□ごめんなさい．すみません．
　□私の間違いです．
　□みな私のせいです．
　□どうぞ許してください．

4．文法のポイント——重要例文
　□没（有）关系。
　□他是老师。
　□我是日本人。
　□她们不是大学生。
　□你是中国人吗？
　□你身体好吗？
　□您认识他吗？
　□你身体怎么样？
　□还好。
　□天气怎么样？
　□天气很好。
　□我们吃中国菜，怎么样？
　□好啊。

補充語句 +α　今日はフレンチにする？

我们吃
- 日本菜 Rìběncài〔日本料理〕
- 中国菜 Zhōngguócài〔中華料理〕
- 法国菜 Fǎguócài〔フランス料理〕
- 意大利菜 Yìdàlìcài〔イタリア料理〕
- 四川菜 Sìchuāncài〔四川料理〕

，怎么样？

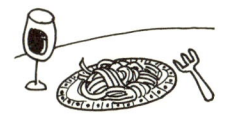

第 7 课　打扰您

お邪魔します

生词

CD 1-29

敲门 qiāo mén ◻ ドアをノックする
进 jìn 動 入る
打扰 dǎrǎo 動 邪魔する
一下 yíxià 名 ちょっと，少し
坐 zuò 動 座る，腰かける
喝 hē 動 飲む
茶 chá 名 お茶
谢谢 xièxie 動 ありがとう

不客气 bú kèqi ◻ どういたしまして
这 zhè 代 これ，それ
一点儿 yìdiǎnr 名 少し
小 xiǎo 形 小さい
礼物 lǐwù 名 プレゼント，お土産
太客气了 tài kèqi le ◻ あまりに遠慮深い，
　　　　気をつかっていただいて

佐藤：(Qiāo mén)
（敲 门）

李：Qǐng jìn.
请 进。

佐藤：Dǎrǎo nín yíxià.
打扰 您 一下。

李：O, Zuǒténg, qǐng zuò. Qǐng hē chá.
噢， 佐藤， 请 坐。 请 喝 茶。

佐藤：Xièxie.
谢谢。

李：Bú kèqi.
不 客气。

佐藤：Lǐ lǎoshī, zhè shì yìdiǎnr xiǎo lǐwù.
李 老师， 这 是 一点儿 小 礼物。

李：Nǐ tài kèqi le.
你 太 客气 了。

>> 発音レスキュー隊　r化音

複母音（ai, ei）の消える -i, 消える -n に気をつけよう.

小孩儿 xiǎoháir　　味儿 wèir　　玩儿 wánr　　一点儿 yìdiǎnr

第7課　37

佐藤：(敲门)

李：请进。

佐藤：打扰您一下。

李：噢，佐藤，请坐。请喝茶。

佐藤：谢谢。

李：不客气。

佐藤：李老师，这是一点儿小礼物。

李：你太客气了。

>> 今日の表現　すすめる

Qǐng jìn.
请 进。　　　　　　　　　　　どうぞ，お入りください．

Qǐng zuò.
请 坐。　　　　　　　　　　　どうぞお掛けください．

Qǐng hē chá.
请 喝 茶。　　　　　　　　　　お茶をどうぞ．

Qǐng chōu yān.
请 抽 烟。　　　　　　　　　　タバコをどうぞ．

>> 文法のポイント

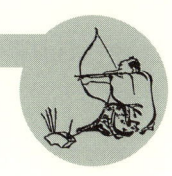

1 "喝茶" hē chá ── いろいろな「動詞＋目的語」

姓陈　xìng Chén　　　　认识你　rènshi nǐ
有钱　yǒu qián　　　　　没关系　méi guānxi
是日本人　shì Rìběnrén　吃中国菜　chī Zhōngguó cài
学习中文　xuéxí Zhōngwén　喝咖啡　hē kāfēi

2 "请" qǐng ──「どうぞ」

请喝茶。　　　Qǐng hē chá.
请看黑板。　　Qǐng kàn hēibǎn.
请打开书。　　Qǐng dǎkāi shū.

3 "这／那" zhè／nà ── 近くを指して"这"，遠くを指して"那"

这是什么？　　　　　　　Zhè shì shénme?
这不是咖啡，是红茶。　　Zhè bú shì kāfēi, shì hóngchá.
那是富士山吗？　　　　　Nà shì Fùshìshān ma?
那是图书馆。　　　　　　Nà shì túshūguǎn.

4 「少し」のいろいろ

坐一下　　zuò yíxià　　　　ちょっと腰かける　〈動詞の後〉
一点儿钱　yìdiǎnr qián　　　「少し」のお金　　〈名詞の前〉
有点儿忙　yǒudiǎnr máng　　ちょっと忙しい　　〈形容詞の前〉

>> ドリル

① 発音を聞いて，正しい声調のものを○で囲みなさい．．

1) qǐng jǐn
   qǐng jìn
   qìng jīn

2) dǎrǎo
   dǎrào
   dǎrào

3) xiānshěng
   xiānsheng
   xiānshèng

4) diànnào
   diànnǎo
   diánnǎo

5) huǒchē
   huòchē
   huóchē

6) hè chā
   hē chá
   hē chà

② 発音を聞いて，次の絵と合うものを○で囲みなさい．

1) 
   a．请喝茶。
   b．请抽烟。
   c．请坐。

2) 
   a．这是什么？
   b．认识你很高兴。
   c．请进。

3) 
   a．他是李老师。
   b．对不起，我迟到了。
   c．这是一点儿小礼物。

3 発音を聞き，＿＿に動詞を書き入れ，全体を漢字に直しなさい．

1) ＿＿＿＿ hēibǎn   [   ]
2) ＿＿＿＿ Zhōngguó cài [   ]
3) ＿＿＿＿ Zhōngwén   [   ]
4) ＿＿＿＿ nǐ   [   ]
5) ＿＿＿＿ kāfēi   [   ]
6) ＿＿＿＿ guānxi   [   ]
7) ＿＿＿＿ qián   [   ]
8) ＿＿＿＿ shénme   [   ]

4 発音を聞いて，ピンインで書き取ってから，漢字に直しなさい．

1) ＿＿＿＿＿＿＿＿＿＿＿＿＿＿＿＿＿＿ (   )
2) ＿＿＿＿＿＿＿＿＿＿＿＿＿＿＿＿＿＿ (   )
3) ＿＿＿＿＿＿＿＿＿＿＿＿＿＿＿＿＿＿ (   )

なぞなぞ

早上开门，	Zǎoshang kāi mén,
晚上关门，	wǎnshang guān mén,
走近一点看看，	zǒujìn yìdiǎn kànkan,
里面有个小人。	lǐmian yǒu ge xiǎorén.

风筝 fēngzheng（凧）

朝にドアを開け，
夜には閉じる，
近づいてのぞけば，
中には小人が住んでいる。

❖ 答えは59ページの図版

第7課　41

第7課　復習チェックシート

1．新しい単語，語句

□ bú kèqi	⃞	どういたしまして
□ chá	名	お茶
□ dǎrǎo	動	邪魔する
□ hē	動	飲む
□ jìn	名	入る
□ lǐwù	名	プレゼント，お土産
□ qiāo mén	⃞	ドアをノックする
□ tài kèqi le	⃞	あまりに遠慮深い，気をつかっていただいて
□ xiǎo	形	小さい
□ xièxie	動	ありがとう
□ yìdiǎnr	名	少し
□ yíxià	名	ちょっと，少し
□ zhè	代	これ，それ
□ zuò	動	座る，腰かける

2．ピンインをつけてみよう

□敲门	⃞	ドアをノックする
□进	名	入る
□打扰	動	邪魔する
□一下	名	ちょっと，少し
□坐	動	座る，腰かける
□喝	動	飲む
□茶	名	お茶
□谢谢	動	ありがとう
□不客气	⃞	どういたしまして
□这	代	これ，それ
□一点儿	名	少し
□小	形	小さい
□礼物	名	プレゼント，お土産
□太客气了	⃞	あまりに遠慮深い，気をつかっていただいて

補充語句 +α　電話をかけよう

打电话　dǎ diànhuà〔電話をかける〕
接电话　jiē diànhuà〔電話に出る〕
回电话　huí diànhuà〔返事の電話をかける〕
挂电话　guà diànhuà〔電話を切る〕
装电话　zhuāng diànhuà〔電話をつける〕

3．役に立つ「今日の表現」
☐どうぞ，お入りください．
☐どうぞお掛けください．
☐お茶をどうぞ．
☐タバコをどうぞ．

4．文法のポイント――重要例文
☐姓陈
☐有钱
☐是日本人
☐学习中文
☐认识你
☐没关系
☐吃中国菜
☐喝咖啡
☐请喝茶。
☐请看黑板。
☐请打开书。
☐这是什么？
☐这不是咖啡，是红茶。
☐那是富士山吗？
☐那是图书馆。

補充語句＋α　"请"で人にすすめる

请说话。Qǐng shuō huà.〔お話しください。〕
请看电视。Qǐng kàn diànshì.〔テレビをご覧ください。〕
请上车。Qǐng shàng chē.〔車にお乗りください。〕
请休息。Qǐng xiūxi.〔お休みください。〕
请看报。Qǐng kàn bào.〔新聞をご覧ください。〕
请洗澡。Qǐng xǐzǎo.〔お風呂にお入りください。〕

第7課　43

第 8 课　学习非常紧张

勉強が大変

CD 1-33 生词

大学生 dàxuéshēng 名 大学生
的 de 助 の
中国 Zhōngguó 固 中国
他们 tāmen 代 彼ら
都 dōu 副 みな

国际 guójì 形 国際
和 hé 助 と
大 dà 形 大きい
多 duō 形 多い
非常 fēicháng 副 非常に
紧张 jǐnzhāng 形 忙しい

Zuǒténg shì dàxuéshēng, tā shì Rìběnrén.
佐藤 是 大学生， 他 是 日本人。

Tā de Zhōngguó péngyou Chén Fāng yě shì
他 的 中国 朋友 陈 芳 也 是

dàxuéshēng. Tāmen dōu shì Guójì Dàxué de
大学生。 他们 都 是 国际 大学 的

xuésheng. Lǐ lǎoshī shì tāmen de lǎoshī. Zuǒténg
学生。 李 老师 是 他们 的 老师。 佐藤

hé Lǐ lǎoshī shì lǎo péngyou.
和 李 老师 是 老 朋友。

Guójì Dàxué hěn dà, xuésheng yě hěn
国际 大学 很 大， 学生 也 很

duō. Xuéshengmen xuéxí fēicháng jǐnzhāng.
多。 学生们 学习 非常 紧张。

>> 発音レスキュー隊　en と eng

日本人 Rìběnrén　　朋友 péngyou　　佐藤 Zuǒténg
学生们 xuéshengmen

佐藤 是 大学生，他 是 日本人。他 的 中国 朋友 陈芳 也 是 大学生。他们 都 是 国际 大学 的 学生。李 老师 是 他们 的 老师。佐藤 和 李 老师 是 老 朋友。

国际 大学 很 大，学生 也 很 多。学生们 学习 非常 紧张。

>> 今日の表現　国名と人名

你是哪国人？　Nǐ shì něi guó rén?　——　我是日本人。　Wǒ shì Rìběnrén.

世界の人：美国人 Měiguórén　　英国人 Yīngguórén　　法国人 Fǎguórén
　　　　　　德国人 Déguórén　　韩国人 Hánguórén　　意大利人 Yìdàlìrén
　　　　　　西班牙人 Xībānyárén

你贵姓？　Nǐ guìxìng?　——　我姓佐藤。Wǒ xìng Zuǒténg.

日本人の姓：田中 Tiánzhōng　铃木 Língmù　山田 Shāntián　木村 Mùcūn
　　　　　　伊藤 Yīténg　　高桥 Gāoqiáo　山本 Shānběn　井上 Jǐngshàng
　　　　　　吉田 Jítián　　渡边 Dùbiān　　长谷川 Chánggǔchuān

中国人の姓：张 Zhāng　王 Wáng　李 Lǐ　赵 Zhào　刘 Liú　杨 Yáng
　　　　　　林 Lín　　马 Mǎ　　徐 Xú　吴 Wú　郭 Guō

>> 文法のポイント

1 "**的**" de ——「の」

国际大学**的**学生　　　　　　　　　　Guójì Dàxué de xuésheng
佐藤是我**的**姓，茂是我**的**名字。　　Zuǒténg shì wǒ de xìng, Mào shì wǒ de míngzi.
这是陈芳**的**。　　　　　　　　　　　Zhè shì Chén Fāng de.
大**的**是我**的**，小**的**是你**的**。　　Dà de shì wǒ de, xiǎo de shì nǐ de.

2 "**和**" hé ——「と」

佐藤**和**陈芳是国际大学的学生。　　Zuǒténg hé Chén Fāng shì Guójì Dàxué de xuésheng.
我**和**她是好朋友。　　　　　　　　Wǒ hé tā shì hǎo péngyou.

3 "**都**" dōu ——「ともに，みんな」

田中和铃木**都**是东京人。　　Tiánzhōng hé Língmù dōu shì Dōngjīngrén.
你们**都**学习中文吗？　　　　Nǐmen dōu xuéxí Zhōngwén ma?
这**都**不是你的。　　　　　　Zhè dōu bú shì nǐ de.

4 "**学生们学习非常紧张**" ——「象は鼻が長い」文

她中文很好。　　　　Tā Zhōngwén hěn hǎo.
你身体怎么样？　　　Nǐ shēntǐ zěnmeyàng?

>> ドリル

1. 発音を聞いて空欄にピンインを書き入れ，文全体を漢字に直しなさい．

    1) Chén Fāng hé Zuǒténg dōu shì （　　　　）Dàxué de （　　　　　）．
    _____

    2) Dùbiān lǎoshī, （　　　）shì yìdiǎnr （　　　　　）．
    _____

    3) （　　　　　）, nín shì Rìběnrén ma?
    _____

2. 発音を聞いて，空欄を漢字で埋めてから，日本語に訳しなさい．

    1) 陈芳是（　　　　），她是国际（　　　　）的学生，她（　　　　）很紧张。
    _____
    _____

    2) 佐藤（　　）是大学生，他是陈芳的（　　　　　）。他们都（　　　　）李老师。
    _____
    _____

3. 次の日本語の会話を参考に，2人で中国語で会話しなさい．
    B：(ノックする)
    A：どうぞ．
    B：久しぶり．
    A：久しぶり．元気ですか？
    B：まあまあ．あなたは？ 勉強は忙しい？
    A：とても忙しくて．どうぞ掛けて．
    B：ありがとう．
    A：お茶を飲む？
    B：ありがとう．
    A：そうだ，あなた李先生を知っている？
    B：知らない．

A：タバコ吸う？
B：タバコは吸わない．
　……
B：さようなら．
A：さようなら．

なぞなぞ

你哭他就哭，	Nǐ kū tā jiù kū,
你笑他也笑，	nǐ xiào tā yě xiào,
你问他是谁，	nǐ wèn tā shì shéi,
只有你知道。	zhǐ yǒu nǐ zhīdao.

筷子 kuàizi（はし）

あなたが泣けば彼も泣き，
あなたが笑えば彼も笑う，
彼は誰かと尋ねても，
それを知るのはあなただけ。

❖ 答えは 127 ページの図版

第8課　復習チェックシート

1．新しい単語，語句

- ☐ dà 　　　　　　形 大きい
- ☐ dàxuéshēng 　　名 大学生
- ☐ de 　　　　　　助 の
- ☐ dōu 　　　　　　副 みな
- ☐ duō 　　　　　　形 多い
- ☐ fēicháng 　　　副 非常に
- ☐ guójì 　　　　　形 国際
- ☐ jǐnzhāng 　　　形 忙しい
- ☐ tāmen 　　　　　代 彼ら
- ☐ Zhōngguó 　　　固 中国

2．ピンインをつけてみよう

- ☐ 大学生 _____　名 大学生
- ☐ 的　　 _____　助 の
- ☐ 中国　 _____　固 中国
- ☐ 他们　 _____　代 彼ら
- ☐ 都　　 _____　副 みな
- ☐ 国际　 _____　形 国際
- ☐ 大　　 _____　形 大きい
- ☐ 多　　 _____　形 多い
- ☐ 非常　 _____　副 非常に
- ☐ 紧张　 _____　形 忙しい

補充語句 +α　知っておこうこの4人

毛泽东　Máo Zédōng〔毛沢東〕
周恩来　Zhōu Ēnlái〔周恩来〕
刘少奇　Liú Shàoqí〔劉少奇〕
朱德　　Zhū Dé〔朱徳〕

3．役に立つ「今日の表現」
　　□あなたはどこの国の方ですか．
　　□私は日本人です．
　　□お名前は？
　　□佐藤といいます．

4．文法のポイント——重要例文
　　□国际大学的学生
　　□佐藤是我的姓，茂是我的名字。
　　□这是陈芳的。
　　□大的是我的，小的是你的。
　　□佐藤和陈芳是国际大学的学生。
　　□我和她是好朋友。
　　□田中和铃木都是东京人。
　　□你们都学习中文吗?
　　□这都不是你的。
　　□她中文很好。
　　□你身体怎么样?

目で見る類義語

表　钟　钟表

"**手表**" shǒubiǎo（腕時計）や "**怀表**" huáibiǎo（懐中時計）など，身に付け携帯するものは "**表**" biǎoという．"**挂钟**" guàzhōng（掛け時計）や "**座钟**" zuòzhōng（置き時計）など，定まった位置におくものは "**钟**" zhōngである．ところで，"**表**" や "**钟**" の前についている要素はすべて機能を表してはいない．しかるに "**闹钟**" nàozhōng（目覚まし時計）のみは "**闹**" nàoであるから機能だ．「僕の時計はアラーム付だ」は "**我的表带'闹'的**。" Wǒ de biǎo dài 'nào' de.という．なお，総称としての「時計」は "**钟表**" zhōngbiǎoで，例えば "**钟表店**" zhōngbiǎo diàn（時計屋）"**修理钟表**" xiūlǐ zhōngbiǎo（時計を修理する）の如し．

表

钟

钟表

中国の交通標識

中国人旅行客からトイレの標識について聞かれたことがある．「女性用か男性用か」と．以来トイレの標識を外国人の目で眺めるくせがついた．たとえば「ピンクのスカート」と「ブルーのズボン」．これでわかるかなあ？

視覚に訴える標識も万国共通ではないようだ．右は中国の交通標識（各図の左上部分）である．それぞれ何を意味するマークだろうか．

　　　　　○　　　　○　　　　○

❶ "此路不通" cǐ lù bù tōng「この道行き止まり」．「T字路あり」の標識ではない．

❷ "禁止通行" jìnzhǐ tōngxíng「通行止め」．○印で通行止め，これは日本語の発想では出てこない．

❸ "禁止鸣喇叭" jìnzhǐ míng lǎba「警笛鳴らすな」．日本では「警笛鳴らせ」の標識を山道などで見かけるが，その逆の標識はないようだ．"喇叭" は「ラッパ」．「クラクション」の意味も持つ．

❹ "直行" zhíxíng「まっすぐ行けますよ」という標識で，一方通行のマークではない．

（《看图识字卡》上海远东出版社，1997 より）

ちなみに❶～❹で話題にした，日本の関連標識は以下の通り．

❶' T形道路交差点あり
❷' 通行止め
❸' 警笛鳴らせ
❹' 一方通行

ユニット 2

学問とは問フヲ学ブと書く
わからんことは聞くことだ

第9课　你多大岁数?

おいくつですか？

生词

今年 jīnnián 名 今年
多 duō 副 形容詞の前に置き「どのぐらい〜？」
多大 duō dà ／ どのぐらい大きいか→いくつ？（年齢は"大"できく）
岁数 suìshu 名 年齢
岁 suì 量 〜歳
比 bǐ 前 〜より（比較の対象を導く）
那 nà 接 （前を受けて）それでは
对 duì 形 はい，そうです
生日 shēngri 名 誕生日

几月几号 jǐ yuè jǐ hào ／ 何月何日
家 jiā 名 家
有 yǒu 動 ある，いる
口 kǒu 量 〜人（家族の全メンバーを数えあげる）
爸爸 bàba 名 お父さん
妈妈 māma 名 お母さん
个 ge 量 （人をはじめ広くいろいろな名詞を数えるのに用いられる）
哥哥 gēge 名 兄
妹妹 mèimei 名 妹

陈：Nǐ jīnnián duō dà suìshu?
你 今年 多 大 岁数？

佐藤：Èrshí suì.
二十 岁。

陈：Wǒ bǐ nǐ xiǎo yí suì.
我 比 你 小 一 岁。

佐藤：Nà nǐ jīnnián shíjiǔ suì?
那 你 今年 十九 岁？

陈：Duì. Nǐ de shēngri jǐ yuè jǐ hào?
对。你 的 生日 几 月 几 号？

佐藤：Èryuè qī hào.
二月 七 号。

陈：Nǐ jiā yǒu jǐ kǒu rén?
你 家 有 几 口 人？

佐藤：Wǔ kǒu.
五 口。

陈：Dōu yǒu shénme rén?
都 有 什么 人？

佐藤：Bàba、māma、yí ge gēge、yí ge mèimei hé wǒ.
爸爸、妈妈、一 个 哥哥、一 个 妹妹 和 我。

>> 発音レスキュー隊 "一"の変調

一天 yì tiān　　一年 yì nián　　一点儿 yìdiǎnr　　一岁 yí suì
一个 yí ge

陈：你今年多大岁数?

佐藤：二十岁。

陈：我比你小一岁。

佐藤：那你今年十九岁?

陈：对。你的生日几月几号?

佐藤：二月七号。

陈：你家有几口人?

佐藤：五口。

陈：都有什么人?

佐藤：爸爸、妈妈、一个哥哥、一个妹妹和我。

>> 今日の表現　年齢の聞き方，答え方

你几岁了? ——我八岁了。	Nǐ jǐ suì le? Wǒ bā suì le.	いくつ? ——8歳です.
你今年多大了? ——我今年十八岁。	Nǐ jīnnián duō dà le? Wǒ jīnnián shíbā suì.	おいくつですか? ——今年18歳です.
你今年二十几? ——我二十三。	Nǐ jīnnián èrshí jǐ? Wǒ èrshisān.	あなたは二十何歳ですか? ——23歳です.
您今年多大年纪? ——我六十七了。	Nín jīnnián duō dà niánjì? Wǒ liùshiqī le.	お年はおいくつですか? ——67歳です.

CD 1-39

>> 文法のポイント

1 数字と年月日

1) 一 yī、二 èr、三 sān、四 sì、五 wǔ、六 liù、七 qī、八 bā、九 jiǔ、十 shí
   十一、十二、十三、十四、十五、十六、十七、十八、十九、二十
   一百 yìbǎi、一千 yìqiān、一万 yí wàn

2) 一个 yí ge、两个 liǎng ge、三个 sān ge …… 九个 jiǔ ge、十个 shí ge
   十一个 shíyī ge、十二个 shí'èr ge …… 二十个 èrshí ge

3) 一九四九年 yījiǔsìjiǔ nián   一九八六年 yījiǔbāliù nián
   二〇〇〇年 èrlínglínglíng nián   二〇〇一年 èrlínglíngyī nián

4) 一月一号(日) yīyuè yī hào(rì)   五月二十六号(日) wǔyuè èrshiliù hào(rì)

2 モノを数える ──「数詞＋量詞＋名詞」

一个人　yí ge rén　　　　　两本书　liǎng běn shū
三把椅子　sān bǎ yǐzi　　　四张纸　sì zhāng zhǐ
五杯茶　wǔ bēi chá　　　　 六座山　liù zuò shān

3 "多" duō ＋形容詞 ──「どのくらい～？」

多大　duō dà　　　　多长　duō cháng　　　多高　duō gāo
多深　duō shēn　　　多远　duō yuǎn　　　　多重　duō zhòng

4 "比" bǐ ──「～より」比較の対象を導く

学生**比**老师忙。　　Xuésheng bǐ lǎoshī máng.
我哥哥**比**我大三岁。　Wǒ gēge bǐ wǒ dà sān suì.
他**没有**我高。　　　Tā méiyou wǒ gāo.

5 "我今年十九岁" ── 名詞述語文

今天几月几号？　Jīntiān jǐ yuè jǐ hào?
今天七月三号。　Jīntiān qīyuè sān hào.
我二十一岁。　　Wǒ èrshiyī suì.

第9課

>> ドリル

1 発音を聞いて，聞き取ったものを○で囲みなさい．

1) 一九九八年
   一九八九年
   一八九八年

2) 今天六月二十三号。
   今天九月三号。
   今天六月十三号。

3) 我今年二十四岁。
   我今年四十二岁。
   我今年二十七岁。

4) 我家有六口人。
   我也是日本人。
   我有两个哥哥。

2 質問を聞いて，それに対する最も適切な答えを選びなさい．

1)
   a．我七十岁。
   b．我十九岁。
   c．我九岁。

2)
   a．对，今天九月九号。
   b．今天不是九月九号。
   c．九月九号。

3)
   a．爸爸，妈妈和我。
   b．我家有三口人。
   c．我是日本人。

4)
   a．我有一个妹妹。
   b．我妹妹是学生。
   c．她不是我妹妹。

3 発音を聞き，Aのセリフを書き取り，次にBの役になって答えなさい．

A1：＿＿＿＿＿＿＿＿＿＿＿＿＿＿＿＿＿＿＿＿＿＿
B1：＿＿＿＿＿＿＿＿＿＿＿＿＿＿＿＿＿＿＿＿＿＿
A2：＿＿＿＿＿＿＿＿＿＿＿＿＿＿＿＿＿＿＿＿＿＿
B2：＿＿＿＿＿＿＿＿＿＿＿＿＿＿＿＿＿＿＿＿＿＿
A3：＿＿＿＿＿＿＿＿＿＿＿＿＿＿＿＿＿＿＿＿＿＿
B3：＿＿＿＿＿＿＿＿＿＿＿＿＿＿＿＿＿＿＿＿＿＿
A4：＿＿＿＿＿＿＿＿＿＿＿＿＿＿＿＿＿＿＿＿＿＿
B4：＿＿＿＿＿＿＿＿＿＿＿＿＿＿＿＿＿＿＿＿＿＿

4. 発音を聞いて，次の表の空欄を埋めなさい．

名前	性別	年齢	生年月日
李英	女		
国籍	職業	大学名	健康状況
	大学生		

家族構成

姓名	本人との関係	年齢	職業
李大国	爸爸		
陈朋	妈妈		

音声（我是中国人，姓李，叫李英。我是国际大学的学生。今年二十岁，我的生日是一九八〇年十二月二十六日。我身体很好。
我家有三口人，爸爸、妈妈和我。我爸爸叫李大国，今年四十八岁，他是大学的老师。妈妈叫陈朋，她比爸爸大两岁，她也是大学的老师。他们身体都很好。）

なぞなぞ

半天不动，　　Bàntiān bú dòng,
忽然一动，　　hūrán yí dòng,
上面欢喜，　　shàngmian huānxǐ,
下面好痛。　　xiàmian hǎo tòng.

眼睛 yǎnjing（め）

じーっと動きなし，
ふいの動きに，
上は大喜び，
下はおお痛！

❖答えは75ページの図版

第9課

第9課　✓　復習チェックシート

1．新しい単語，語句

- □ bàba　　　　　名　お父さん
- □ bǐ　　　　　　前　〜より
- □ duì　　　　　 形　はい，そうです
- □ duō　　　　　 副　形容詞の前に置き「どのぐらい〜？」
- □ duō dà　　　　/　どのぐらい大きいか→いくつ？
- □ gēge　　　　　名　兄
- □ ge　　　　　　量　（人をはじめ広くいろいろな名詞を数えるのに用いられる）
- □ jǐ yuè jǐ hào　/　何月何日
- □ jīnnián　　　　名　今年
- □ māma　　　　　名　お母さん
- □ mèimei　　　　名　妹
- □ nà　　　　　　接　（前を受けて）それでは
- □ shēngri　　　 名　誕生日
- □ suì　　　　　 量　〜歳
- □ suìshu　　　　名　年齢
- □ yǒu　　　　　 動　ある，いる

2．ピンインをつけてみよう

- □ 今年　　＿＿＿＿＿＿　名　今年
- □ 多大　　＿＿＿＿＿＿　/　どのぐらい大きいか→いくつ？
- □ 岁数　　＿＿＿＿＿＿　名　年齢
- □ 比　　　＿＿＿＿＿＿　前　〜より
- □ 那　　　＿＿＿＿＿＿　接　（前を受けて）それでは
- □ 对　　　＿＿＿＿＿＿　形　はい，そうです
- □ 生日　　＿＿＿＿＿＿　名　誕生日
- □ 几月几号＿＿＿＿＿＿　/　何月何日
- □ 家　　　＿＿＿＿＿＿　名　家

補充語句 +α　常用量詞

个 ge　　いろいろなもの：人 rén〔人〕　学生 xuésheng〔学生〕　苹果 píngguǒ〔リンゴ〕

本 běn　　本や雑誌：书 shū〔本〕　词典 cídiǎn〔辞典〕　杂志 zázhì〔雑誌〕

把 bǎ　　 握りが一つあるもの：雨伞 yǔsǎn〔傘〕　椅子 yǐzi〔いす〕　刀 dāo〔刃物〕

枝 zhī　　細い棒状のもの：铅笔 qiānbǐ〔鉛筆〕　烟 yān〔タバコ〕

张 zhāng　平面が目につくもの：纸 zhǐ〔紙〕　地图 dìtú〔地図〕　桌子 zhuōzi〔机〕　床 chuáng〔ベッド〕

- □ 有　　　　　　　　　　　　動 ある，いる
- □ 口　　　　　　　　　　　　量 ～人（家族の全メンバーを数えあげる）
- □ 爸爸　　　　　　　　　　　名 お父さん
- □ 妈妈　　　　　　　　　　　名 お母さん
- □ 个　　　　　　　　　　　　量（人をはじめ広くいろいろな名詞を数えるのに用いられる）
- □ 哥哥　　　　　　　　　　　名 兄
- □ 妹妹　　　　　　　　　　　名 妹

3．役に立つ「今日の表現」
- □ いくつ？〈10歳以下の人に〉
- □ 8歳です．
- □ おいくつですか？〈年下の若者に〉
- □ 今年18歳です．
- □ あなたは二十何歳ですか？
- □ 23歳です．
- □ お年はおいくつですか？〈年上の大人に〉
- □ 67歳です．

4．文法のポイント——重要例文
- □ 那你今年十九岁?
- □ 一九八〇年二月七号。
- □ 你今年多大岁数?
- □ 学生比老师忙。
- □ 我哥哥比我大三岁。
- □ 他没有我高。
- □ 今天几月几号?
- □ 今天七月三号。
- □ 我二十一岁。

補充語句 +α　他にもたくさん——覚えるがカチ

一**顶**帽子	yì dǐng màozi	〔1つの帽子〕
两**封**信	liǎng fēng xìn	〔2通の手紙〕
三**位**客人	sān wèi kèren	〔3人のお客様〕
四**匹**马	sì pǐ mǎ	〔4頭の馬〕
五**棵**树	wǔ kē shù	〔5本の木〕
六**件**衣服	liù jiàn yīfu	〔6枚の服〕

第10课　你叫什么名字?

お名前は？

生词

哪个 něige(nǎge) 代 どれ
系 xì 名 学部，学科
中文 Zhōngwén 名 中国語，中文
专业 zhuānyè 名 専攻
现代 xiàndài 名 現代
文学 wénxué 名 文学
谁 shéi 代 だれ
教 jiāo 動 教える

课 kè 名 授業
戴 dài 動 （メガネなどを）かける
眼镜 yǎnjìng 名 メガネ
难 nán 形 難しい
星期天 xīngqītiān 名 日曜日
做 zuò 動 する
什么 shénme 代 何
睡觉 shuìjiào 動 眠る

陈：Nǐ shì něige xì de?
你是哪个系的？

佐藤：Wǒ shì Zhōngwén xì de.
我是中文系的。

陈：Xué shénme zhuānyè?
学什么专业？

佐藤：Xiàndài wénxué.
现代文学。

陈：Shéi jiāo nǐmen wénxué kè?
谁教你们文学课？

佐藤：Dài yǎnjìng de Liú lǎoshī.
戴眼镜的刘老师。

陈：Kè nán bù nán?
课难不难？

佐藤：Fēicháng nán.
非常难。

陈：Xīngqītiān nǐ zuò shénme?
星期天你做什么？

佐藤：Shuìjiào.
睡觉。

>> 発音レスキュー隊　-n と -ng の対立

现 xiàn ⟷ 向 xiàng　前 qián ⟷ 强 qiáng　眼 yǎn ⟷ 养 yǎng
真 zhēn ⟷ 争 zhēng　门 mén ⟷ 盟 méng　分 fēn ⟷ 风 fēng

第10課

陈：你是哪个系的？

佐藤：我是中文系的。

陈：学什么专业？

佐藤：现代文学。

陈：谁教你们文学课？

佐藤：戴眼镜的刘老师。

陈：课难不难？

佐藤：非常难。

陈：星期天你做什么？

佐藤：睡觉。

>> 今日の表現　学校の事あれこれ

Nǐ shì něige dàxué de?	
你是哪个大学的？	あなたはどの大学の方ですか？
Nǐ shì něige xì de?	
你是哪个系的？	あなたはどの学部の方ですか？
Nǐ de zhuānyè shì shénme?	
你的专业是什么？	ご専攻は何ですか？
Nǐ xiànzài jǐ niánjí?	
你现在几年级？	今、何年生ですか？

>> 文法のポイント

1 "这" zhè "那" nà "哪" nǎ

近　称	遠　称	疑　問
这 zhè	那 nà	哪 nǎ
这个 zhège/zhèige	那个 nàge/nèige	哪个 nǎge/něige
这儿 zhèr	那儿 nàr	哪儿 nǎr

这是什么？　　Zhè shì shénme?
我吃这个。　　Wǒ chī zhèige.　〈目的語のときは"这个"〉

2 曜日の言い方

星期一 xīngqīyī、 星期二 xīngqī'èr、星期三 xīngqīsān、星期四 xīngqīsì、
星期五 xīngqīwǔ、星期六 xīngqīliù、星期天(日) xīngqītiān(rì)

今天几月几号星期几？　Jīntiān jǐ yuè jǐ hào xīngqī jǐ?

3 "谁" shéi

你是谁？　　　　　Nǐ shì shéi?
她是谁的妹妹？　　Tā shì shéi de mèimei?

4 "课难不难？" ── 反復疑問文

你是不是学生？　　　　Nǐ shì bú shì xuésheng?　〈"不"は軽く読む〉
学习忙不忙？　　　　　Xuéxí máng bù máng?
你认识不认识李老师？　Nǐ rènshi bú rènshi Lǐ lǎoshī?

5 "谁教你们文学课？" ── 二重目的語をとる動詞

李老师教我们现代文学。　　Lǐ lǎoshī jiāo wǒmen xiàndài wénxué.
我问老师一个问题。　　　　Wǒ wèn lǎoshī yí ge wèntí.
给你这个小礼物。　　　　　Gěi nǐ zhèige xiǎo lǐwù.

動詞	目的語₁	目的語₂
	～に	～を
	（主に人）	（モノ, コト）

>> ドリル

1 発音を聞いて，空欄を漢字で埋めてから，日本語に訳しなさい．

我是国际大学（　　　）的学生，今年（　　　）。我的（　　　）是现代文学。（　　　）我们文学课的（　　　）姓佐藤，是日本人。我学中国文学，（　　　）学中文。文学课比中文课（　　　）。

....
....
....

2 質問を聞いて，それに対する最も適切な答えを選びなさい．

1）
 a．我是中文系的学生。
 b．我是大学生。
 c．我是中国留学生。

2）
 a．中文系。
 b．中国文学。
 c．文学课。

3）
 a．戴眼镜的刘老师。
 b．中文课不难。
 c．我教你中文。

4）
 a．我不戴眼镜。
 b．我睡觉。
 c．我认识他。

3 次の文の間違いを正しなさい．

1）　刘老师戴不戴眼镜吗？　→（　　　　　　　　　　　　　　　）
2）　我今年不十九岁。　　　→（　　　　　　　　　　　　　　　）
3）　国际大学是很大。　　　→（　　　　　　　　　　　　　　　）
4）　我吃这。　　　　　　　→（　　　　　　　　　　　　　　　）

4 発音を聞き，Aのセリフを書き取り，次にBの役になって答えなさい．

A1：你是哪个（　　　　）的学生?
B1：
A2：你是哪个（　　　）的?
B2：
A3：你学什么（　　　）?
B3：
A4：你学不学（　　　）?
B4：

なぞなぞ

白石洞里架红桥，　　Báishí dòng li jià hóngqiáo,
一头不动一头摇。　　yìtóu bú dòng yìtóu yáo.

竹笋 zhúsǔn
（たけのこ）

白い岩の洞穴に，
赤い橋がかかってる，
一方はじっと動かないのに，
もう片方はよく動く。

❖ 答えは25ページの図版

第10課 ✔ 復習チェックシート

1．新しい単語，語句

- ☐ dài 　　　　　動 (メガネなどを) かける
- ☐ jiāo 　　　　　動 教える
- ☐ kè 　　　　　 名 授業
- ☐ nán 　　　　　形 難しい
- ☐ něige(nǎge) 　代 どれ
- ☐ shéi 　　　　 代 だれ
- ☐ shénme 　　　代 何
- ☐ shuìjiào 　　　動 眠る
- ☐ wénxué 　　　名 文学
- ☐ xì 　　　　　 名 学部，学科
- ☐ xiàndài 　　　名 現代
- ☐ xīngqītiān 　　名 日曜日
- ☐ yǎnjìng 　　　名 メガネ
- ☐ Zhōngwén 　　名 中国語，中文
- ☐ zhuānyè 　　　名 専攻
- ☐ zuò 　　　　　動 する

2．ピンインをつけてみよう

- ☐ 哪个　　_____ 代 どれ
- ☐ 系　　　_____ 名 学部，学科
- ☐ 中文啊　_____ 名 中国語，中文
- ☐ 专业　　_____ 名 専攻
- ☐ 现代　　_____ 名 現代
- ☐ 文学　　_____ 名 文学
- ☐ 谁　　　_____ 代 だれ
- ☐ 教　　　_____ 動 教える

補充語句 +α　身につける動詞

　　穿西服　chuān xīfú 〔スーツを着る〕
　　戴帽子　dài màozi 〔帽子をかぶる〕
　　戴眼镜　dài yǎnjìng 〔メガネをかける〕
　　系领带　jì lǐngdài 〔ネクタイを締める〕
　　戴手表　dài shǒubiǎo 〔腕時計をする〕
　　穿鞋　　chuān xié 〔靴をはく〕

□课　　　　　　　　　　名 授業
　　　□戴　　　　　　　　　　動 （メガネなどを）かける
　　　□眼镜　　　　　　　　　名 メガネ
　　　□难　　　　　　　　　　形 難しい
　　　□星期天　　　　　　　　名 日曜日
　　　□做　　　　　　　　　　動 する
　　　□什么　　　　　　　　　代 何
　　　□睡觉　　　　　　　　　動 眠る

3．役に立つ「今日の表現」
　　　□あなたはどの大学の方ですか？
　　　□あなたはどの学部の方ですか？
　　　□ご専攻は何ですか？
　　　□今，何年生ですか？

4．文法のポイント——重要例文
　　　□你是哪个系的?
　　　□星期天你做什么?
　　　□今天几月几号星期几?
　　　□你是谁?
　　　□她是谁的妹妹?
　　　□你是不是学生?
　　　□学习忙不忙?
　　　□你认识不认识李老师?
　　　□李老师教我们现代文学。
　　　□我问老师一个问题。
　　　□给你这个小礼物。

補充語句 +α　何を教える？

| 他教我们 | 音乐　yīnyuè〔音楽〕
画画儿　huà huàr〔絵を描く〕
唱歌　chàng gē〔歌を歌う〕
跳舞　tiàowǔ〔ダンス〕
口语　kǒuyǔ〔会話〕 | 。 |

第10課　69

第11课　你父母做什么工作？

ご両親はどんなお仕事をしていますか？

CD 2-1　生词

父母 fùmǔ 名 両親
做 zuò 動 する
工作 gōngzuò 名 仕事
父亲 fùqin 名 父
母亲 mǔqin 名 母
在 zài 前 ～で（～する）
在 zài 動 ～にある，～にいる
教书 jiāoshū 動 学生に教える
宿舍 sùshè 名 宿舎，寮
哪儿 nǎr 代 どこ
附近 fùjìn 名 付近

房间 fángjiān 名 部屋
冰箱 bīngxiāng 名 冷蔵庫
当然 dāngrán 形 もちろん
吃 chī 動 食べる
过 guo 助 ～したことがある
北京烤鸭 Běijīng kǎoyā ／ 北京ダック
还 hái 副 まだ
手机 shǒujī 名 携帯電話
对 duì 前 ～に対して
有兴趣 yǒu xìngqu ／ 興味がある

70　ユニット2

陈：Nǐ fùmǔ zuò shénme gōngzuò?
你 父母 做 什么 工作？

佐藤：Wǒ fùqin zài dàxué jiāoshū, wǒ mǔqin bù gōngzuò.
我 父亲 在 大学 教书，我 母亲 不 工作。

陈：Nǐ de sùshè zài nǎr?
你 的 宿舍 在 哪儿？

佐藤：Zài xuéxiào fùjìn.
在 学校 附近。

陈：Fángjiān li yǒu méiyou bīngxiāng?
房间 里 有 没有 冰箱？

佐藤：Dāngrán yǒu.
当然 有。

陈：Nǐ chīguo Běijīng kǎoyā ma?
你 吃过 北京 烤鸭 吗？

佐藤：Hái méiyou.
还 没有。

陈：Nǐ yǒu méiyou shǒujī?
你 有 没有 手机？

佐藤：Yǒu. Éi? Nǐ shì bú shì duì wǒ yǒu xìngqu?
有。欸？你 是 不 是 对 我 有 兴趣？

>> 発音レスキュー隊　舌を立てる「そり舌音」

中国 Zhōngguó　　吃 chī　　宿舍 sùshè　　当然 dāngrán

第11課　71

陈：你父母做什么工作？

佐藤：我父亲在大学教书，我母亲不工作。

陈：你的宿舍在哪儿？

佐藤：在学校附近。

陈：房间里有没有冰箱？

佐藤：当然有。

陈：你吃过北京烤鸭吗？

佐藤：还没有。

陈：你有没有手机？

佐藤：有。欸？你是不是对我有兴趣？

>> 今日の表現　家族の事あれこれ

Nǐ zài nǎr zhù? 你 在 哪儿 住？	お住まいはどこですか？
Nǐ jiā yǒu jǐ kǒu rén? 你 家 有 几 口 人？	何人家族ですか？
Nǐ fùmǔ zuò shénme gōngzuò? 你 父母 做 什么 工作？	ご両親はどんな仕事をしていますか？
Nǐ yǒu jǐ ge xiōngdì jiěmèi? 你 有 几 个 兄弟 姐妹？	何人兄弟ですか？

>> 文法のポイント

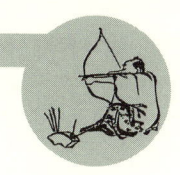

1 二つの"在" zài —— 動詞と前置詞

(1)

乌龙茶**在**冰箱里。　　Wūlóngchá zài bīngxiāng li.
我父母都**在**中国。　　Wǒ fùmǔ dōu zài Zhōngguó.
明天你**在不在**家？　　Míngtiān nǐ zài bú zài jiā?

(2)

我爸爸**在**大学工作。　　Wǒ bàba zài dàxué gōngzuò.
在李老师家喝茶。　　Zài Lǐ lǎoshī jiā hē chá.
我爸爸**不在**大学教书。　　Wǒ bàba bú zài dàxué jiāoshū.〈"不"の位置〉

2 "过" guo ——「経験」

我在李老师家喝**过**乌龙茶。　　Wǒ zài Lǐ lǎoshī jiā hēguo wūlóngchá.
你见**过**刘老师吗？　　Nǐ jiànguo Liú lǎoshī ma?
我没学**过**法语。　　Wǒ méi xuéguo Fǎyǔ.

3 "不" bù と "没" méi

我**不**吃晚饭。　　Wǒ bù chī wǎnfàn.　⟷　我**没**吃晚饭。　　Wǒ méi chī wǎnfàn.
他**不**复习。　　Tā bú fùxí.　⟷　他**没**复习。　　Tā méi fùxí.
她**不**结婚。　　Tā bù jiéhūn.　⟷　她**没**结婚。　　Tā méi jiéhūn.

4 "你是不是对我有兴趣？" ——「そうなんでしょ？」確認の"是不是"

你**是不是**学过中文？　　Nǐ shì bú shì xuéguo Zhōngwén?
她**是不是**没有钱？　　Tā shì bú shì méiyou qián?
你认识她，**是不是**？　　Nǐ rènshi tā, shì bú shì?

第11課

>> ドリル

1 発音を聞いて，絵の説明としてふさわしいものを○で囲みなさい．

1)
 a．他在宿舍里睡觉。
 b．房间里没有冰箱。
 c．那是佐藤的眼镜。

2)
 a．房间里有冰箱和手机。
 b．房间里有冰箱，没有手机。
 c．房间里有两个人。

3)
 a．刘老师家在学校附近。
 b．学校附近有一个学生宿舍。
 c．刘老师家在学生宿舍附近。

2 質問を聞いて，それに対する最も適切な答えを選びなさい．

1)
 a．我在中国学习中文。
 b．我在国际大学学习。
 c．我在中文系学习。

2)
 a．我母亲四十八岁。
 b．我母亲很忙。
 c．我母亲不工作。

3)
 a．大学里没有学生宿舍。
 b．大学里有很多留学生。
 c．学生宿舍不在学校里。

4)
 a．我在中国见过。
 b．我认识李老师。
 c．李老师身体很好。

3 日本語の意味になるように，語句を並べ替えなさい．

1) 彼女はメガネを掛けた劉先生に大変興味がある．

　──────────────────────────
　（ 戴眼镜　　很　　对　　她　　有兴趣　　刘老师　　的 ）

2) 私の父は大学で教えていない．

　──────────────────────────
　（ 教书　　我爸爸　　在　　不　　大学 ）

4 発音を聞いて，Aのセリフを書き取り，次にBの役になって答えなさい．

A1：你父亲在哪儿（　　　　）？
B1：_____
A2：你（　　　　）也工作吗？
B2：_____
A3：你们大学里有没有（　　　　）？
B3：_____
A4：你对中文（　　　　）吗？
B4：_____
A5：你吃过北京（　　　　）吗？
B5：_____

なぞなぞ

兄弟有一双，　　Xiōngdì yǒu yì shuāng,
生来一样长，　　shēnglái yíyàng cháng,
天天吃东西，　　tiāntiān chī dōngxi,
就是长不胖。　　jiù shì zhǎngbupàng.

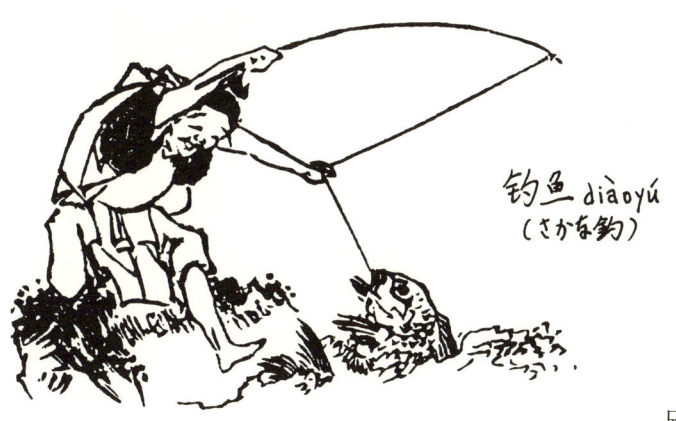

钓鱼 diàoyú
（さかな釣）

兄弟二人，
おんなじ背丈，
毎日食べても，
太れない。

❖答えは49ページの図版

第11課 ✓ 復習チェックシート

1．新しい単語，語句

- ☐ Běijīng kǎoyā / 北京ダック
- ☐ bīngxiāng 名 冷蔵庫
- ☐ chī 動 食べる
- ☐ fángjiān 名 部屋
- ☐ fùqin 名 父
- ☐ gōngzuò 名 仕事
- ☐ guo 助 〜したことがある
- ☐ hái 副 まだ
- ☐ jiāoshū 動 学生に教える
- ☐ mǔqin 名 母
- ☐ nǎr 代 どこ
- ☐ shǒujī 名 携帯電話
- ☐ yǒu xìngqu / 興味がある
- ☐ zài 動 〜にある，〜にいる
- ☐ zuò 動 する

2．ピンインをつけてみよう

- ☐ 父母 ………………… 名 両親
- ☐ 做 ………………… 動 する
- ☐ 工作 ………………… 名 仕事
- ☐ 父亲 ………………… 名 父
- ☐ 母亲 ………………… 名 母
- ☐ 在 ………………… 動 〜で（〜する）
- ☐ 教书 ………………… 動 学生に教える
- ☐ 宿舍 ………………… 名 宿舎，寮
- ☐ 哪儿 ………………… 代 どこ
- ☐ 附近 ………………… 名 付近
- ☐ 房间 ………………… 名 部屋
- ☐ 冰箱 ………………… 名 冷蔵庫

補充語句 +α 新生活——欲しいもの12

电话　　diànhuà〔電話〕
电视机　diànshìjī〔テレビ〕
电脑　　diànnǎo〔コンピュータ〕
录音机　lùyīnjī〔テープレコーダー〕
传真　　chuánzhēn〔ファックス〕
空调　　kōngtiáo〔エアコン〕

☐当然　　　　　　　　　　　　形 もちろん
☐吃　　　　　　　　　　　　　動 食べる
☐过　　　　　　　　　　　　　助 〜したことがある
☐北京烤鸭　　　　　　　　　　／ 北京ダック
☐还　　　　　　　　　　　　　副 まだ
☐手机　　　　　　　　　　　　名 携帯電話
☐对　　　　　　　　　　　　　前 〜に対して
☐有兴趣　　　　　　　　　　　／ 興味がある

3．役に立つ「今日の表現」
　☐お住まいはどこですか？
　☐何人家族ですか？
　☐ご両親はどんな仕事をしていますか？
　☐何人兄弟ですか？

4．文法のポイント——重要例文
　☐乌龙茶在冰箱里。
　☐我父母都在中国。
　☐明天你在不在家？
　☐我爸爸在大学工作。
　☐在李老师家喝茶。
　☐我爸爸不在大学教书。
　☐我在李老师家喝过乌龙茶。
　☐你见过刘老师吗？
　☐我没学过法语。
　☐我不吃晚饭。
　☐我没吃晚饭。
　☐你是不是学过中文？
　☐她是不是没有钱？
　☐你认识她，是不是？

補充語句 +α

电冰箱　diànbīngxiāng〔冷蔵庫〕
洗衣机　xǐyījī〔洗濯機〕
手机　　shǒujī〔携帯電話〕
录相机　lùxiàngjī〔ビデオ〕
照相机　zhàoxiàngjī〔カメラ〕
自行车　zìxíngchē〔自転車〕

第12课　自我介绍

自己紹介

生词

现在 xiànzài 名 いま
一年级 yī niánjí / 1年生
一共 yígòng 副 全部で
家庭主妇 jiātíng zhǔfù / 主婦
业余爱好 yèyú àihào / 趣味
比如 bǐrú 接 例えば
看 kàn 動 見る
电影 diànyǐng 名 映画
啦 la 助 ～とか～とか（列挙する）

听 tīng 動 聞く
音乐 yīnyuè 名 音楽
唱 chàng 動 歌う
卡拉OK kǎlāOK 名 カラオケ
不过 búguò 接 しかし
最 zuì 副 もっとも
喜欢 xǐhuan 動 好き
还是 háishi 副 やはり
不太 bú tài / あまり～ない

Wǒ jiào Zuǒténg Mào. Jīnnián èrshí suì. Xiànzài
我 叫 佐藤 茂。今年 二十 岁。现在
shì Guójì Dàxué Zhōngwén xì yī niánjí de xuésheng,
是 国际 大学 中文 系 一 年级的 学生,
zhuānyè shì Zhōngguó xiàndài wénxué. Wǒ jiā yígòng yǒu
专业 是 中国 现代 文学。我 家 一共 有
wǔ kǒu rén, yǒu bàba、 māma、 yí ge gēge
五 口 人,有 爸爸、妈妈、一 个 哥哥
hé yí ge mèimei. Tāmen xiànzài dōu zài Rìběn.
和 一 个 妹妹。他们 现在 都 在 日本。
Wǒ bàba zài yí ge dàxué jiāoshū, māma shì
我 爸爸 在 一 个 大学 教书,妈妈 是
jiātíng zhǔfù. Wǒ yǒu hěn duō yèyú àihào, bǐrú
家庭 主妇。我 有 很 多 业余 爱好,比如
kàn diànyǐng la, tīng yīnyuè la, chàng kǎlāOK la.
看 电影 啦,听 音乐 啦,唱 卡拉OK 啦。
Búguò, wǒ zuì xǐhuan de háishi shuìjiào. Wǒ bú
不过,我 最 喜欢 的 还是 睡觉。我 不
tài xǐhuan xuéxí.
太 喜欢 学习。

>> 発音レスキュー隊　　IとUの間

I（アイ,私）とU（ユー,あなた）の間には何かが隠れている.

"第六课"の"六"liù ← liòu〈消える o〉
"喝酒"の"酒"jiǔ ← jiǒu〈消える o〉
"对不起"の"对"duì ← duèi〈消える e〉
"二十岁"の"岁"suì ← suèi〈消える e〉

主母音が消えているので声調記号も〈iとuが並べば,機械的に後ろにつける〉.

第12課　79

我 叫 佐藤 茂。今年 二十 岁。现在 是 国际 大学 中文 系 一 年级 的 学生，专业 是 中国 现代 文学。我 家 一共 有 五 口 人，有 爸爸、妈妈、一 个 哥哥 和 一 个 妹妹。他们 现在 都 在 日本。我 爸爸 在 一 个 大学 教书，妈妈 是 家庭 主妇。我 有 很 多 业余 爱好，比如 看 电影 啦，听 音乐 啦，唱 卡拉OK 啦。不过，我 最 喜欢 的 还是 睡觉。我 不 太 喜欢 学习。

>> 今日の表現　自己紹介のワードバンク

趣味は， 游泳 yóuyǒng〔水泳をする〕
滑冰 huábīng〔スケートをする〕
打网球 dǎ wǎngqiú〔テニスをする〕
打棒球 dǎ bàngqiú〔野球をする〕
踢足球 tī zúqiú〔サッカーをする〕
弹钢琴 tán gāngqín〔ピアノを弾く〕
买东西 mǎi dōngxi〔買い物をする〕

学部は， 文学系 wénxué xì〔文学部〕
法律系 fǎlǜ xì〔法学部〕
经济系 jīngjì xì〔経済学部〕
商学系 shāngxué xì〔商学部〕
外语系 wàiyǔ xì〔外国語学部〕
物理系 wùlǐ xì〔物理学部〕

職業は， 公司职员 gōngsī zhíyuán〔会社員〕
公务员 gōngwùyuán〔公務員〕
医生 yīshēng〔医者〕
护士 hùshi〔看護婦／士〕
教师 jiàoshī〔教師〕
售货员 shòuhuòyuán〔販売員〕

>> 文法のポイント

1 "的" de

(1) いろいろな "的"

　　1) 法律系**的**学生　　　　fǎlǜ xì de xuésheng
　　　 我**的**眼镜　　　　　　wǒ de yǎnjìng
　　2) 爸爸喜欢**的**电影　　　bàba xǐhuan de diànyǐng
　　　 最难**的**课是英语课。　Zuì nán de kè shì Yīngyǔ kè.
　　3) 你是哪个系**的**?　　　Nǐ shì něige xì de?
　　　 冰箱是刘老师**的**。　　Bīngxiāng shì Liú lǎoshī de.

(2) "的" の省略：人称代名詞＋親族名称／所属集団

　　我爸爸　　wǒ bàba　　　　我妈妈　　wǒ māma　　　　我哥哥　　wǒ gēge
　　我们学校　wǒmen xuéxiào　他们公司　tāmen gōngsī　　你们家　　nǐmen jiā

2 程度副詞のいろいろ

我**最**喜欢吃北京烤鸭。　Wǒ zuì xǐhuan chī Běijīng kǎoyā.
中文**非常**难。　　　　　Zhōngwén fēicháng nán.
认识你**很**高兴。　　　　Rènshi nǐ hěn gāoxìng.
工作**不太**忙。　　　　　Gōngzuò bú tài máng.

3 "比如" bǐrú ——「たとえば」

我很喜欢看电影，**比如**日本的啦，美国的啦，中国的啦。
　　　　　　　　Wǒ hěn xǐhuan kàn diànyǐng, bǐrú Rìběn de la, Měiguó de la, Zhōngguó de la.
中文发音很难，**比如** "zhi chi shi"。　Zhōngwén fāyīn hěn nán, bǐrú "zhi chi shi".

4 "喜欢" xǐhuan ——「～が好きだ」

我很**喜欢**李老师。　　　Wǒ hěn xǐhuan Lǐ lǎoshī.
她非常**喜欢**吃烤鸭。　　Tā fēicháng xǐhuan chī kǎoyā.
你**喜不喜欢**听日本音乐?　Nǐ xǐ bù xǐhuan tīng Rìběn yīnyuè?　〈"喜欢不喜欢" も可〉

第12課　81

>> ドリル

1. 発音を聞いて，空欄を漢字で埋めてから，日本語に訳しなさい．

   1) 佐藤的爸爸是（　　　　），每天（　　　　）很忙。
      妈妈是（　　　　），她很喜欢（　　　　）。

   2) 我（　　　）是大学（　　　　）的学生。他的专业是中国（　　　　）。
      不过，他不太喜欢（　　　），他的（　　　　）是唱卡拉ＯＫ。

2. 質問を聞いて，それに対する最も適切な答えを選びなさい．

   1)
   　　a．我是中文系的。
   　　b．我二年级。
   　　c．我不太喜欢。

   2)
   　　a．他们都在北京。
   　　b．他们身体都很好。
   　　c．他们都是大学老师。

   3)
   　　a．我吃北京烤鸭。
   　　b．我喜欢看电影。
   　　c．我在家吃饭。

   4)
   　　a．没去过。
   　　b．我很喜欢中国。
   　　c．中文很难。

3. 発音を聞いて1から4の問いに対する最も適当な答えを選びなさい．

   1) 陈芳是几年级的学生？
   　　a．二年级
   　　b．三年级
   　　c．四年级

   2) 陈芳喜欢学习什么？
   　　a．法律
   　　b．英语
   　　c．音乐

   音声（我姓陈，叫陈芳。我是国际大学法律系四年级的学生，今年二十二岁。我的专业是中国法律。我很喜欢学习法律，不过，我不太喜欢学习英语。我家在北京，家里有三口人，爸爸、妈妈和我。他们工作都很忙。）

3） 陈芳家在哪儿？
    a．日本
    b．中国
    c．美国

4） 她爸爸、妈妈工作忙吗？
    a．他们都工作。
    b．他们身体都很好。
    c．他们都非常忙。

4 本文にならって自己紹介を練習しなさい．

なぞなぞ

小时候，　　　Xiǎo shíhou,
吃得用不得，　chīde yòngbude,
老时候，　　　lǎo shíhou,
用得吃不得。　yòngde chībude.

眼镜 yǎnjing
（メガネ）

若い時，
食べられるが使えない，
年をとると，
使えるが食べられない。

❖ 答えは67ページの図版

第12課　復習チェックシート

1．新しい単語，語句

☐ bǐrú	接	例えば
☐ búguò	接	しかし
☐ bú tài	／	あまり～ない
☐ chàng	動	歌う
☐ diànyǐng	名	映画
☐ háishi	副	やはり
☐ jiātíng zhǔfù	／	主婦
☐ kǎlāOK	名	カラオケ
☐ kàn	動	見る
☐ la	助	～とか～とか
☐ tīng	動	聞く
☐ xǐhuan	動	好き
☐ xiànzài	名	いま
☐ yèyú àihào	／	趣味
☐ yī niánjí	／	１年生
☐ yígòng	副	全部で
☐ yīnyuè	名	音楽
☐ zuì	副	もっとも

2．ピンインをつけてみよう

☐ 现在	名	いま
☐ 一年级	／	１年生
☐ 一共	副	全部で
☐ 家庭主妇	／	主婦
☐ 业余爱好	／	趣味
☐ 比如	接	例えば
☐ 看	動	見る
☐ 电影	名	映画
☐ 啦	助	～とか～とか
☐ 听	動	聞く
☐ 音乐	名	音楽
☐ 唱	動	歌う
☐ 卡拉ＯＫ	名	カラオケ
☐ 不过	接	しかし
☐ 最	副	もっとも
☐ 喜欢	動	好き
☐ 还是	副	やはり
☐ 不太	／	あまり～ない

3．役に立つ「今日の表現」
　　□我喜欢（游泳／滑冰／打网球／打棒球／踢足球／弹钢琴／买东西）。
　　□我是（文学系／法律系／经济系／商学系／外语系／物理系）的学生。
　　□他是（公司职员／公务员／医生／护士／教师／售货员）。

4．文法のポイント——重要例文
　　□法律系的学生
　　□最难的课是英语课。
　　□你是哪个系的?
　　□我爸爸在一个大学教书。
　　□我最喜欢吃北京烤鸭。
　　□中文非常难。
　　□认识你很高兴。
　　□工作不太忙。
　　□我很喜欢看电影，比如日本的啦，美国的啦，中国的啦。
　　□中文发音很难，比如"zhi chi shi"。
　　□我很喜欢李老师。
　　□她非常喜欢吃烤鸭。
　　□你喜不喜欢听日本音乐?

目で見る類義語

骑车　上车　坐车　搭车　乘车

　　自転車やオートバイにまたがって乗るのが"**骑车**"qí chē だ．車に乗り込む時は，地面から車へと足をあげる．下から上への動作で"**上车**"shàng chē という．どうやって行くのかと聞かれ，その手段や方法，つまり「車で」と答える時は，"**坐车**"zuò chē を使う．この"**坐**"zuò は虚字化が始まっている．英語で言うなら by だ．ついでに便乗する時がある．ヒッチハイクもそうだが，"**搭车**"dā chē という．日本語の「乗車」に相当するのが中国語の"**乘车**"chéng chē，フォーマルな表現だ．"**上车**"と"**坐车**"の両義を持ち，よくアナウンスなどで使われる：**请大家排队乘车**。Qǐng dàjiā pái duì chéng chē．(皆さま，並んでご乗車下さい)．

知るは楽しみ

今日は何の日？
――中国の"节日"（祝日・記念日）

　中国の暦を眺めると"节日"jiérì（祝日・記念日）を多く見つけることができる．日本人にも馴染み深い端午の節句や中秋節などの伝統的な"节日"の他に目を引くのが，国際的な或いは中国の歴史的記念日の数々だ．右の絵や切手が何の日を表しているか分かるだろうか？

【ヒント】❶6月1日　❷8月1日　❸9月10日
　　　　　❹10月1日　❺3月8日　❻5月4日

　イラストは中国の小学校一年生の国語教科書（1995年版）に載っているものである．絵の中の子供達が何をしているのか想像してみよう．

　切手のほうはヒントの日にちを見て当ててみよう．中国ではよく"节日"を月日の数字で表現する．"五・一劳动节" Wǔ Yī láodòngjié（5月1日のメーデー）といった感じで，月日と祝日を一緒に覚えるのである．

　伝統的な"节日"（"春节"Chūnjié や"端午节"Duānwǔjié，"中秋节"Zhōngqiūjié など）は陰暦で祝う．これらは数字を冠した言い方はしない．一方，中華人民共和国成立後に定められた"节日"は新しく，太陽暦に対応している．

　　　　○　　　　○　　　　○

❶儿童节 Értóngjié（正式には"国际儿童节"Guójì értóngjié．1949年に国際民主婦人連盟の提唱で指定され，中国では1950年より実施）

❷建军节 Jiànjūnjié（正式には"中国人民解放军建军节" Zhōngguó rénmín jiěfàngjūn jiànjūnjié．解放軍は1927年8月1日，南昌での武装蜂起を機に誕生した）

❸教师节 Jiàoshījié（1986年に定められた．民国時代は6月6日だった）

❹国庆节 Guóqìngjié（1949年10月1日北京天安門で中華人民共和国の成立を宣言）

❺妇女节 Fùnǚjié（3月8日の国際婦人デー）

❻青年节 Qīngniánjié（1919年の青年学生を中心とする五四運動を記念する）

ユニット **3**

使えねえ
ことばなんざ
竹光と同じでぃ

第13课　东方商场怎么走？

東方商場はどう行きますか？

生词

劳驾　láojià　動　すみません
从　cóng　前　～から
去　qù　動　（～へ）行く
东方商场　Dōngfāng Shāngchǎng　固　東方商場（マーケット名）
怎么　zěnme　代　どのように，どうして
走　zǒu　動　歩く
一直　yìzhí　副　まっすぐ
往　wǎng　前　～へ
前　qián　名　前
过　guò　動　過ぎる
十字路口　shízì lùkǒu　☐　交差点
右　yòu　名　右
拐　guǎi　動　曲がる
离　lí　前　～から（へだたりを表す）
远　yuǎn　形　遠い
大概　dàgài　副　大体
要　yào　動　かかる

分钟　fēnzhōng　量　分
左右　zuǒyòu　名　～くらい
家用电器　jiāyòng diànqì　☐　家電製品
楼　lóu　名　階
电梯　diàntī　名　エレベーター
皮鞋　píxié　名　革靴
柜台　guìtái　名　カウンター
左边儿　zuǒbianr　名　左側
就是　jiù shì　☐　ほかでもない，それがそうだ
顺便　shùnbiàn　副　ついでに
一下　yíxià　名　ちょっと
商店　shāngdiàn　名　店
几点　jǐ diǎn　☐　何時
关门　guān mén　☐　ドアを閉める，営業を終える
晚上　wǎnshang　名　夜

佐　藤：劳驾，从 这儿 去 东方 商场 怎么 走？
Láojià, cóng zhèr qù Dōngfāng Shāngchǎng zěnme zǒu?

过路人：一直 往 前 走，过了 十字 路口 往 右 拐。
Yìzhí wǎng qián zǒu, guòle shízì lùkǒu wǎng yòu guǎi.

佐　藤：离 这儿 远 不 远？
Lí zhèr yuǎn bù yuǎn?

过路人：大概 要 五 分钟 左右 吧。
Dàgài yào wǔ fēnzhōng zuǒyòu ba.

　　　　　＊　　　＊　　　＊

佐　藤：请问，家用 电器 在 几 楼？
Qǐngwèn, jiāyòng diànqì zài jǐ lóu?

服务员：五 楼。
Wǔ lóu.

佐　藤：有 电梯 吗？
Yǒu diàntī ma?

服务员：有。您 看，皮鞋 柜台 的 左边儿 就 是。
Yǒu. Nín kàn, píxié guìtái de zuǒbianr jiù shì.

佐　藤：顺便 问 一下，商店 几 点 关 门？
Shùnbiàn wèn yíxià, shāngdiàn jǐ diǎn guān mén?

服务员：晚上 九 点 关 门。
Wǎnshang jiǔ diǎn guān mén.

>> 発音レスキュー隊　jqxy の後の u は「すぼめの ü」

jqxy の後には「すぼめの ü」しか来ないので，わざわざ ü としなくても紛れない．ところが l や n の後にはどちらも来る．従って u か ü か明示する．

菊花 júhuā　　去 qù　　学 xué　　远 yuǎn

路口 lùkǒu ←→ 旅游 lǚyóu　　努力 nǔlì ←→ 女朋友 nǚpéngyou

佐　藤：劳驾，从这儿去东方商场怎么走？

过路人：一直往前走，过了十字路口往右拐。

佐　藤：离这儿远不远？

过路人：大概要五分钟左右吧。

　　　　　　＊　　　＊　　　＊

佐　藤：请问，家用电器在几楼？

服务员：五楼。

佐　藤：有电梯吗？

服务员：有。您看，皮鞋柜台的左边儿就是。

佐　藤：顺便问一下，商店几点关门？

服务员：晚上九点关门。

>> 今日の表現　道を尋ねる

Qù chēzhàn zěnme zǒu?
去 车站 怎么 走？　　　　駅へはどう行きますか？

Qù měishùguǎn zài nǎr xià chē?
去 美术馆 在 哪儿 下 车？　美術館へ行くにはどこで下りればいいですか？

Dàshǐguǎn lí zhèr yuǎn ma?
大使馆 离 这儿 远 吗？　　大使館はここから遠いですか？

Zhè fùjìn yǒu méiyou cèsuǒ?
这 附近 有 没有 厕所？　　この近くにトイレはありますか？

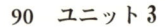

>> 文法のポイント

1 "怎么" zěnme ——「方式」と「いぶかり」の"怎么"

你每天**怎么**来学校？　Nǐ měitiān zěnme lái xuéxiào?
你**怎么**不去？　　　　Nǐ zěnme bú qù?

2 "从" cóng, "往" wǎng, "离" lí —— 3つの介詞

从今天开始。　　　　　　　Cóng jīntiān kāishǐ.
不要**往**后看。　　　　　　　Búyào wǎng hòu kàn.
离我的生日还有两个星期。　Lí wǒ de shēngri hái yǒu liǎng ge xīngqī.

3 "过了十字路口" —— 動詞に付いて，その「完了・実現」を表す"了₁"

喝**了**一杯乌龙茶。　　　　Hēle yì bēi wūlóngchá.
学**了**中文以后去中国。　　Xuéle Zhōngwén yǐhòu qù Zhōngguó.

4 時間の言い方

(1) 時刻の言い方：现在几点？ Xiànzài jǐ diǎn?

```
1:00 = 一点   yì diǎn              2:30 = 两点半  liǎng diǎn bàn
2:00 = 两点   liǎng diǎn            2:45 = 两点三刻  liǎng diǎn sān kè
2:10 = 两点十分 liǎng diǎn shí fēn       = 两点四十五  liǎng diǎn sìshíwǔ
2:15 = 两点一刻 liǎng diǎn yí kè     2:50 = 两点五十  liǎng diǎn wǔshí
     = 两点十五分 liǎng diǎn shíwǔ fēn    = 差十分三点  chà shí fēn sān diǎn
```

早上 zǎoshang　上午 shàngwǔ　中午 zhōngwǔ　下午 xiàwǔ　晚上 wǎnshang

(2) 時間の長さの言い方

半个小时 bàn ge xiǎoshí　　一个小时 yí ge xiǎoshí　　两个小时 liǎng ge xiǎoshí
两分钟 liǎng fēnzhōng　　　十分钟 shí fēnzhōng　　　一刻钟 yí kè zhōng

从你家去学校要多长时间？　Cóng nǐ jiā qù xuéxiào yào duō cháng shíjiān?
——大概要一个小时四十分钟。　——Dàgài yào yí ge xiǎoshí sìshí fēnzhōng.

>> ドリル

1　発音を聞いて，時刻を書き取りなさい．

1) ____ : ____　2) ____ : ____　3) ____ : ____
4) ____ : ____　5) ____ : ____　6) ____ : ____

2　発音を聞いて，時刻を漢字で書き取りなさい．

1) _____　　2) _____
3) _____　　4) _____
5) _____　　6) _____

3　発音を聞いて，一日の予定表を埋めなさい．

9:00（AM）	
10:00	
11:00	
12:00	
1:00（PM）	
2:00	
3:00	
4:00	
5:00	
6:00	
7:00	
8:00	

音声（佐藤明天非常忙。他上午九点去学校，从十点半开始上文学课。中午十二点在学校吃饭。吃了饭，一点左右和一个朋友去商店。商店离学校很远，要走三十分钟。佐藤下午也有课，从三点一刻开始有中文课。晚上六点他和两个中国朋友去北京烤鸭店吃烤鸭。八点左右去唱卡拉ＯＫ。）

4　地図を見ながら発音を聞いて，道の説明として正しいものを○で囲みなさい．

北京烤鸭店怎么走？

　　a．
　　b．
　　c．

5　発音を聞いて，Aのセリフを書き取り，次にBの役になって答えなさい．

A1：你家（　　　）学校远吗？
B1：
A2：（　　　）你家（　　　）学校大概要多长时间？
B2：
A3：你们（　　　）有中文课？
B3：
A4：中文课（　　　）开始？
B4：
A5：教你们中文的老师（　　　　）？
B5：
A6：你们每天（　　　　）？
B6：

なぞなぞ

抓不住它的身子，
看不到它的影子，
小时候摇摇树枝，
大时候推倒房子。

Zhuābuzhù tā de shēnzi,
kànbudào tā de yǐngzi,
xiǎo shíhou yáoyao shùzhī,
dà shíhou tuīdǎo fángzi.

雨 yǔ
（あめ）

つかむにつかめず，
姿は見えぬ，
小さい時は枝をゆすり，
大きくなると家をも倒す．

❖ 答えは135ページの図版

第13課 ✓ 復習チェックシート

1．新しい単語，語句

- □ cóng　　　　　　　前　～から
- □ diàntī　　　　　　名　エレベーター
- □ guǎi　　　　　　　動　曲がる
- □ guān mén　　　　　／　ドアを閉める，営業を終える
- □ guìtái　　　　　　名　カウンター
- □ jǐ diǎn　　　　　　／　何時
- □ jiāyòng diànqì　　／　家電製品
- □ jiù shì　　　　　　／　ほかでもない，それがそうだ
- □ láojià　　　　　　動　すみません
- □ lí　　　　　　　　前　～から（へだたりを表す）
- □ lóu　　　　　　　名　階
- □ píxié　　　　　　　名　革靴
- □ shùnbiàn　　　　　副　ついでに
- □ wǎng　　　　　　　前　～へ
- □ yào　　　　　　　動　かかる
- □ zěnme　　　　　　代　どのように，どうして
- □ zuǒyòu　　　　　　名　～くらい

2．ピンインをつけてみよう

- □劳驾　　　　　　　　　　　動　すみません
- □从　　　　　　　　　　　　前　～から
- □去　　　　　　　　　　　　動　(～へ) 行く
- □东方商场　　　　　　　　　固　東方商場
- □走　　　　　　　　　　　　動　歩く
- □一直　　　　　　　　　　　副　まっすぐ
- □往　　　　　　　　　　　　前　～へ
- □过　　　　　　　　　　　　動　過ぎる
- □十字路口　　　　　　　　　／　交差点
- □右　　　　　　　　　　　　名　右
- □拐　　　　　　　　　　　　動　曲がる
- □离　　　　　　　　　　　　前　～から（へだたりを表す）
- □远　　　　　　　　　　　　形　遠い
- □大概　　　　　　　　　　　副　大体
- □要　　　　　　　　　　　　動　かかる
- □分钟　　　　　　　　　　　量　分
- □家用电器　　　　　　　　　／　家電製品
- □前　　　　　　　　　　　　名　前
- □电梯　　　　　　　　　　　名　エレベーター

□皮鞋　　　　　　　　　　　名 革靴
　　□柜台　　　　　　　　　　　名 カウンター
　　□左边儿　　　　　　　　　　名 左側
　　□顺便　　　　　　　　　　　副 ついでに
　　□一下　　　　　　　　　　　名 ちょっと
　　□商店　　　　　　　　　　　名 店
　　□晚上　　　　　　　　　　　名 夜
　　□楼　　　　　　　　　　　　名 階

3．役に立つ「今日の表現」
　　□駅へはどう行きますか？
　　□美術館へ行くにはどこで下りればいいですか？
　　□大使館はここから遠いですか？
　　□この近くにトイレはありますか？

4．文法のポイント──重要例文
　　□你每天怎么来学校？
　　□你怎么不去？
　　□从今天开始。
　　□不要往后看。
　　□离我的生日还有两个星期。
　　□喝了一杯乌龙茶。
　　□学了中文以后去中国。

補充語句 +α　朝・昼・晩

早上　zǎoshang〔朝〕　　上午　shàngwǔ〔午前〕
中午　zhōngwǔ〔昼〕　　下午　xiàwǔ〔午後〕
傍晚　bàngwǎn〔夕方〕　晚上　wǎnshang〔夜〕
半夜　bànyè〔真夜中〕　　夜里　yèli〔深夜〕

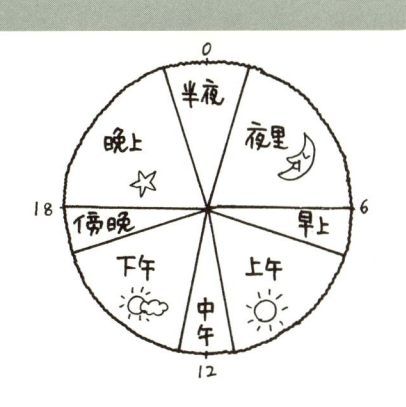

第14课　能不能便宜一点儿?

少し安くできませんか？

生词

种 zhǒng 量 種，種類
衬衫 chènshān 名 シャツ
黑色 hēisè 名 黒
稍等一下 shāo děng yíxià ◯ 少々お待ちください
卖完 màiwán ◯ 売り切れる
可以 kěyǐ 助動 〜してもよい
试穿 shìchuān 動 試着する
短 duǎn 形 短い
点儿 diǎnr 量 少し

试试 shìshi ◯ 試してみる
件 jiàn 量 枚（服を数える）
大号 dàhào 名 Lサイズ
多少钱 duōshao qián ◯ いくら
能 néng 助動 できる
便宜 piányi 形 安い
给 gěi 前 〜に，〜のために
打折 dǎzhé 動 割引する．"打九折"とは「9掛け」すなわち「1割引き」．
块 kuài 量 元（中国の貨幣の単位）

佐藤：
Zhèi zhǒng chènshān yǒu méiyou hēisè de?
这 种 衬衫 有 没有 黑色 的？

售货员：
Qǐng shāo děng yíxià. …… Duìbuqǐ, hēi de màiwán le.
请 稍 等 一下。……对不起，黑 的 卖完 了。

佐藤：
Kěyǐ shìchuān yíxià ma?
可以 试穿 一下 吗？

售货员：
Kěyǐ.
可以。

佐藤：
Duǎnle diǎnr.
短了 点儿。

售货员：
Nà nín shìshi zhèi jiàn dàhào de.
那 您 试试 这 件 大号 的。

佐藤：
Xièxie. Duōshao qián yí jiàn?
谢谢。 多少 钱 一 件？

售货员：
Yìbǎi kuài.
一百 块。

佐藤：
Néng bù néng piányi yìdiǎnr?
能 不 能 便宜 一点儿？

售货员：
Hǎo ba. Gěi nín dǎ jiǔ zhé, jiǔshí kuài.
好 吧。 给 您 打 九 折， 九十 块。

>> 発音レスキュー隊　"这" zhè と "那" nà

"这"が単用されたり，後に直接名詞が続く場合は zhè だが，量詞や数量詞が後続する場合は，話し言葉ではしばしば zhèi と発音される．これは"那" nà や"哪" nǎ の場合も同様でそれぞれ nèi, něi となる．

这个 zhèige　　这种 zhèi zhǒng　　这件大号的 zhèi jiàn dàhào de

第14課　97

佐　藤：这种衬衫有没有黑色的?

售货员：请稍等一下。……对不起，黑的卖完了。

佐　藤：可以试穿一下吗?

售货员：可以。

佐　藤：短了点儿。

售货员：那您试试这件大号的。

佐　藤：谢谢。多少钱一件?

售货员：一百块。

佐　藤：能不能便宜一点儿?

售货员：好吧。给您打九折，九十块。

>> 今日の表现　値切る

Tài guì le!
太贵了!　　　　　　　　　　高すぎる！

Piányi diǎnr xíng ma?
便宜点儿行吗?　　　　　　　安くしてくれませんか.

Zài piányi diǎnr!
再便宜点儿!　　　　　　　　もう少しまけて！

Bāshí kuài wǒ jiù mǎi.
八十块我就买。　　　　　　　80元なら買いましょう.

>> 文法のポイント

1 結果補語

卖**完**了 màiwán le	⟷	没卖**完** méi màiwán
学**会**了 xuéhuì le	⟷	没学**会** méi xuéhuì
坐**好**了 zuòhǎo le	⟷	没坐**好** méi zuòhǎo
听**懂**了 tīngdǒng le	⟷	没听**懂** méi tīngdǒng
买**到**了 mǎidào le	⟷	没买**到** méi mǎidào

2 "可以" kěyǐ と "能" néng ── "可以"は状況が許して「できる」，"能"は主語に能力があり「できる」，否定はともに"不能"で．

我**可以**走了吗？
──不行，你**不能**走。 ──Bùxíng, nǐ bù néng zǒu.
Wǒ kěyǐ zǒu le ma?

上课**不能**睡觉。 Shàngkè bù néng shuìjiào.
一百块钱**能**买很多东西。 Yìbǎi kuài qián néng mǎi hěn duō dōngxi.

3 文末の"了₂" le ── 文全体につき，新事態や変化を表す

陈芳今年二十岁**了**。 Chén Fāng jīnnián èrshí suì le.
中文太难，我不学**了**。 Zhōngwén tài nán, wǒ bù xué le.

4 "…了点儿" ── 形容詞につき，「予想より少しズレている」ことを表す

衬衫长**了点儿**。 Chènshān chángle diǎnr.
岁数大**了点儿**。 Suìshu dàle diǎnr.

5 "给" gěi ──「～に」

给李老师买礼物。 Gěi Lǐ lǎoshī mǎi lǐwù.
我晚上**给**你打电话。 Wǒ wǎnshang gěi nǐ dǎ diànhuà.

6 "试试" shìshi ── 動詞の重ね型「～してみる」「ちょっと～する」

你**听听**她的歌。 Nǐ tīngting tā de gē.
这是什么书，我**看看**。 Zhè shì shénme shū, wǒ kànkan.

第14課

>> ドリル

① 例にならって，次の物を買う練習をしなさい．

售货员：您要什么?
顾　客：这种 衬衫 有没有 黑色的 ?
售货员：有，您看看。
顾　客：谢谢! 多少钱?
售货员： 一百五十 块。
顾　客：能不能便宜一点儿?

1) Lサイズのシャツ（衬衫 chènshān、大号的 dàhào de、一百六十五 yìbǎi liùshiwǔ）
2) 黒色のカバン（书包 shūbāo、黑色的 hēisè de、一千四百 yìqiān sìbǎi）

② 発音を聞いて，空欄を漢字で埋めてから，日本語に訳しなさい．

1) 我（　　　　）了中文以后去中国。

2) 今天的历史课你（　　　　）了吗?

3) （　　　　）了饭，我们去喝茶吧。

4) 明天我能（　　　　）李老师。

③ 発音を聞いて，質問文を書き取ってから，肯定と否定の両方で答えなさい．

1) _____
　　──────　／──────

2) _____
　　──────　／──────

3) _____
　　──────　／──────

4 AとBの会話を聞いて，Bの発話に続くAのセリフとして最も自然なものを選びなさい．

1) A：
   B：
   A：a．几点了？
      b．能不能便宜一点儿？
      c．我没有时间。

2) A：
   B：
   A：a．对不起，卖完了。
      b．一百块。
      c．不行。

3) A：
   B：
   A：a．长了点儿。
      b．很便宜。
      c．你喜欢吗？

4) A：
   B：
   A：a．谢谢。
      b．没关系。
      c．七点可以吗？

なぞなぞ

远看像只猫，　　Yuǎn kàn xiàng zhī māo,
近看是个鸟，　　jìn kàn shì ge niǎo,
白天不露面，　　báitiān bú lòumiàn,
夜晚咕咕叫。　　yèwǎn gūgū jiào.

鼻子 bízi（鼻）

遠くで見れば猫のよう，
近くで見ればこれは鳥,
昼には姿を現さず,
夜になるとホーホー鳴く．

❖答えは117ページの図版

第14課　復習チェックシート

1．新しい単語，語句

- ☐ chènshān　　　　　名 シャツ
- ☐ dǎzhé　　　　　　動 割引する
- ☐ dàhào　　　　　　名 Lサイズ
- ☐ diǎnr　　　　　　 量 少し
- ☐ duǎn　　　　　　　形 短い
- ☐ duōshao qián　　 ／ いくら
- ☐ gěi　　　　　　　 前 〜に，〜のために
- ☐ hēisè　　　　　　 名 黒
- ☐ jiàn　　　　　　　量 枚
- ☐ kěyǐ　　　　　　　助動 〜してもよい
- ☐ kuài　　　　　　　量 元
- ☐ màiwán　　　　　 ／ 売り切れる
- ☐ néng　　　　　　　助動 できる
- ☐ piányi　　　　　　形 安い
- ☐ shāo děng yíxià　／ 少々お待ちください
- ☐ shìchuān　　　　　動 試着する
- ☐ shìshi　　　　　 ／ 試してみる
- ☐ zhǒng　　　　　　 量 種，種類

2．ピンインをつけてみよう

- ☐ 种　　　　　　　　　　　　量 種，種類
- ☐ 衬衫　　　　　　　　　　　名 シャツ
- ☐ 黑色　　　　　　　　　　　名 黒
- ☐ 稍等一下　　　　　　　　　／ 少々お待ちください
- ☐ 卖完　　　　　　　　　　　／ 売り切れる
- ☐ 可以　　　　　　　　　　　助動 〜してもよい
- ☐ 试穿　　　　　　　　　　　動 試着する
- ☐ 短　　　　　　　　　　　　形 短い
- ☐ 点儿　　　　　　　　　　　量 少し
- ☐ 试试　　　　　　　　　　　／ 試してみる
- ☐ 件　　　　　　　　　　　　量 枚
- ☐ 大号　　　　　　　　　　　名 Lサイズ
- ☐ 多少钱　　　　　　　　　　／ いくら
- ☐ 能　　　　　　　　　　　　助動 できる
- ☐ 便宜　　　　　　　　　　　形 安い
- ☐ 给　　　　　　　　　　　　前 〜に，〜のために

□打折　　　……………　動 割引する
　　□块　　　　……………　量 元

3．役に立つ「今日の表現」
　　□高すぎる！
　　□安くしてくれませんか．
　　□もう少しまけて！
　　□80元なら買いましょう．

4．文法のポイント──重要例文
　　□黑的卖完了。
　　□我可以走了吗？
　　□不行，你不能走。
　　□上课不能睡觉。
　　□一百块钱能买很多东西。
　　□陈芳今年二十岁了。
　　□中文太难，我不学了。
　　□衬衫长了点儿。
　　□岁数大了点儿。
　　□给李老师买礼物。
　　□我晚上给你打电话。

補充語句 +α　市場へゆこう──体によいものを買おう

　　　茄子　　qiézi　〔ナス〕
　　　西瓜　　xīguā　〔スイカ〕
　　　葡萄　　pútao　〔ブドウ〕
　　　胡萝卜　húluóbo〔ニンジン〕
　　　萝卜　　luóbo　〔ダイコン〕
　　　菠萝　　bōluó　〔パイナップル〕

第15课　来一斤水饺

水餃子を1斤下さい

生词 (CD 2-17)

- 拿手菜　náshǒucài　名　得意料理
- 鱼香肉丝　yúxiāng ròusī　☐　豚肉の唐辛子いため
- 宫爆鸡丁　gōngbào jīdīng　☐　鶏肉の辛味噌いため
- 受欢迎　shòu huānyíng　☐　人気がある
- 来　lái　動　注文する，いただく
- 主食　zhǔshí　名　主食
- 斤　jīn　量　斤（中国の度量衡，1斤は500g）
- 水饺　shuǐjiǎo　名　水餃子
- 恐怕　kǒngpà　副　恐らく
- 吃不了　chībuliǎo　動　食べきれない

服务员: Nín chī diǎnr shénme?
您 吃 点儿 什么？

佐 藤: Nǐmen zhèr de náshǒucài shì shénme?
你们 这儿 的 拿手菜 是 什么？

服务员: Yúxiāng ròusī hé gōngbào jīdīng dōu hěn shòu huānyíng.
鱼香 肉丝 和 宫爆 鸡丁 都 很 受 欢迎。

佐 藤: Nà lái ge yúxiāng ròusī ba.
那 来 个 鱼香 肉丝 吧。

服务员: Zhǔshí yào shénme?
主食 要 什么？

佐 藤: Lái yì jīn shuǐjiǎo.
来 一 斤 水饺。

服务员: Nín yí ge rén chī ma?
您 一 个 人 吃 吗？

佐 藤: Shì ya.
是 呀。

服务员: Yì jīn shuǐjiǎo, yí ge rén kǒngpà chībuliǎo.
一 斤 水饺，一 个 人 恐怕 吃不了。

佐 藤: Shì ma? Yì jīn yǒu duōshao ge?
是 吗？一 斤 有 多少 个？

服务员: Liùshí ge.
六十 个。

>> 発音レスキュー隊　多音字

漢字の読みは原則として1つだが，中には多音字のものもある.

吃了 chīle〔食べた〕　　　好 hǎo〔よい〕　　　还 hái〔さらに，まだ〕
吃不了 chībuliǎo〔食べきれない〕　好 hào〔好む〕　　还 huán〔返す〕

第15課

服务员：您吃点儿什么？

佐　藤：你们这儿的拿手菜是什么？

服务员：鱼香肉丝和宫爆鸡丁都很受欢迎。

佐　藤：那来个鱼香肉丝吧。

服务员：主食要什么？

佐　藤：来一斤水饺。

服务员：您一个人吃吗？

佐　藤：是呀。

服务员：一斤水饺，一个人恐怕吃不了。

佐　藤：是吗？一斤有多少个？

服务员：六十个。

>> 今日の表現　注文する

Xiǎojie, qǐng ná càidān kànkan.
小姐，请拿菜单看看。　　すみません，メニューを見せてください．

Xiān lái liǎng píng píjiǔ.
先来两瓶啤酒。　　とりあえずビールを2本．

Yào yí ge mápó dòufu hé yì wǎn mǐfàn.
要一个麻婆豆腐和一碗米饭。　　麻婆豆腐1つとご飯1つ．

Qǐng jié yíxià zhàng.
请结一下帐。　　お勘定お願いします．

>> 文法のポイント

1 人＋"这儿"zhèr／"那儿"nàr ── 人を場所化する

我这儿 wǒ zhèr　　你这儿 nǐ zhèr　　他那儿 tā nàr
你们那儿 nǐmen nàr　　佐藤那儿 Zuǒténg nàr

你那儿有冰箱吗？　　Nǐ nàr yǒu bīngxiāng ma?

2 可能補語 ── 動詞と結果補語の間に"得／不"を入れる

看完：看**得**完 kàndewán　⟷　看**不**完 kànbuwán
买到：买**得**到 mǎidedào　⟷　买**不**到 mǎibudào
听懂：听**得**懂 tīngdedǒng　⟷　听**不**懂 tīngbudǒng
吃了：吃**得**了 chīdeliǎo　⟷　吃**不**了 chībuliǎo

他的中文你**听得懂**吗？　　Tā de Zhōngwén nǐ tīngdedǒng ma?
在日本**买不到**便宜的衬衫。　Zài Rìběn mǎibudào piányi de chènshān.

3 "来个鱼香肉丝" ── 量詞の前の"一"の省略〈後の名詞が目的語の時のみ〉

您吃点儿什么？　　Nín chī diǎnr shénme?
买了件黑衬衫。　　Mǎile jiàn hēi chènshān.
给她送个小礼物。　Gěi tā sòng ge xiǎo lǐwù.

4 度量衡 ──「市制」と「メートル法」

一斤 yì jīn　　两斤 liǎng jīn　……　十斤 shí jīn
一两 yì liǎng　　二两 èr liǎng　　三两 sān liǎng　……
("一斤" yì jīn は500g，"一两" yì liǎng は50g)

一公斤 yì gōngjīn　　两公斤 liǎng gōngjīn　……　十公斤 shí gōngjīn
(一公斤 yì gōngjīn ＝两斤 liǎng jīn)

第15課

>> ドリル

1 次のメニュー（"菜单" càidān）を見ながら，会話の練習をしましょう．

```
水饺（shuǐ jiǎo）……… 30元／斤      啤酒（píjiǔ）………… 15元／瓶
烧卖（shāomai）………… 25元         可口可乐（kěkǒu kělè） 13元／瓶
炒饭（chǎofàn）………… 20元         乌龙茶（wūlóngchá）… 10元／壶
                                    花茶（huāchá）……… 7元／壶

棒棒鸡（bàngbàngjī）……… 35元
鱼香肉丝（yúxiāng ròusī）… 45元
宫爆鸡丁（gōngbào jīdīng）… 40元
青椒肉丝（qīngjiāo ròusī）… 50元
麻婆豆腐（mápó dòufu）…… 35元
```

1）服务员：您吃点儿什么？
　　A　　：来＿＿＿＿＿＿＿＿。

2）服务员：您喝点儿什么？
　　A　　：来＿＿＿＿＿＿＿＿。

2 発音を聞いて「動詞・結果補語」を書き取り，それを可能補語の肯定形・否定形にしなさい．

　　〈動詞・結果補語〉　　〈肯定形〉　　〈否定形〉
1）＿＿＿＿＿＿　→　＿＿＿＿＿＿　＿＿＿＿＿＿
2）＿＿＿＿＿＿　→　＿＿＿＿＿＿　＿＿＿＿＿＿
3）＿＿＿＿＿＿　→　＿＿＿＿＿＿　＿＿＿＿＿＿
4）＿＿＿＿＿＿　→　＿＿＿＿＿＿　＿＿＿＿＿＿

3 発音を聞いて空欄を埋めてから日本語に訳しなさい．

1）我在大学学汉语。汉语，我（　　　　），不过（　　　　）。

2）在日本（　　　　）中国电影吗？

3）这儿的水饺（　　　　　）。您来（　　　　）怎么样？

4 次の日本語の意味になるように単語を並べ替えなさい．
1）お母さんにシャツを1枚買ってあげましょう．

（　买　妈妈　件　吧　给　衬衫　）

2）今晚，私たちは李先生のところで水餃子を食べます．

（　在　水饺　晚上　李老师　吃　我们　那儿　今天　）

3）うちは8時に店じまいします．

（　这儿　关门　八点　我们　）

なぞなぞ

平地一座山，
望去看不见，
手可摸到山顶，
脚踏不到山边。

Píngdì yí zuò shān,
wàngqù kànbujiàn,
shǒu kě mōdào shāndǐng,
jiǎo tàbudào shānbiān.

青蛙
qīngwā
（カエル）

平地に一山，
望めど見えず，
手でなら山頂にさわれるのに，
足でなら山のふもとにも行けず．

❖答えは101ページの図版

第15課　復習チェックシート

1．新しい単語，語句

- ☐ chībuliǎo 　　　　動 食べきれない
- ☐ gōngbào jīdīng 　／ 鶏肉の辛味噌いため
- ☐ jīn 　　　　　　　量 斤
- ☐ kǒngpà 　　　　　副 恐らく
- ☐ lái 　　　　　　　動 注文する，いただく
- ☐ náshǒucài 　　　 名 得意料理
- ☐ shòu huānyíng 　／ 人気がある
- ☐ shuǐjiǎo 　　　　 名 水餃子
- ☐ yúxiāng ròusī 　　／ 豚肉の唐辛子いため
- ☐ zhǔshí 　　　　　名 主食

2．ピンインをつけてみよう

- ☐ 拿手菜 　　................　名 得意料理
- ☐ 鱼香肉丝 　................　／ 豚肉の唐辛子いため
- ☐ 宫爆鸡丁 　................　／ 鶏肉の辛味噌いため
- ☐ 受欢迎 　　................　／ 人気がある
- ☐ 来 　　　　................　動 注文する，いただく
- ☐ 主食 　　　................　名 主食
- ☐ 斤 　　　　................　量 斤
- ☐ 水饺 　　　................　名 水餃子
- ☐ 恐怕 　　　................　副 恐らく
- ☐ 吃不了 　　................　動 食べきれない

補充語句 +α　よく使われる可能補語型表現

看不起　kànbuqǐ〔軽く見る〕
来不及　láibují〔間に合わない〕
差不多　chàbuduō〔ほとんど変わらない〕
想不到　xiǎngbudào〔思いもよらない〕
说不定　shuōbudìng〔はっきり言えない〕

3．役に立つ「今日の表現」
　□すみません，メニューを見せてください．
　□とりあえずビールを２本．
　□麻婆豆腐１つとご飯１つ．
　□お勘定お願いします．

4．文法のポイント──重要例文
　□你那儿有冰箱吗?
　□一斤水饺，一个人恐怕吃不了。
　□他的中文你听得懂吗?
　□在日本买不到便宜衬衫。
　□您吃点儿什么?
　□买了件黑衬衫。
　□给她送个小礼物。
　□来一斤水饺。
　□一斤有多少个?

補充語句 +α　料理の味

　　酸　suān〔酸っぱい〕
　　甜　tián〔甘い〕
　　苦　kǔ〔苦い〕
　　辣　là〔辛い〕
　　咸　xián〔塩辛い〕

第16课　佐藤的一天

佐藤くんの1日

生词

下午　xiàwǔ　名　午後
东西　dōngxi　名　物
坐　zuò　動　座る, 乗る
丝绸　sīchóu　名　シルク
漂亮　piàoliang　形　きれい
本来　běnlái　副　もともと, 最初は
服务员　fúwùyuán　名　店員, 服務員
还价　huánjià　動　値切る
半天　bàntiān　名　半日, 長い間
结果　jiéguǒ　接　結局
只　zhǐ　副　ただ, ～しか～ない
花　huā　動　(お金を) 使う

餐厅　cāntīng　名　レストラン
炒菜　chǎocài　名　炒め物
两　liǎng　量　両 (中国の度量衡, 1両は50g)
已经　yǐjing　副　もう, すでに
因为…所以　yīnwèi…suǒyǐ　呼　～だから
外边　wàibian　名　外
转　zhuàn　動　回る, ぶらぶらする
时间　shíjiān　名　時間
累　lèi　形　疲れる
回家　huí jiā　◇　家に帰る
马上　mǎshàng　副　すぐに

Zuótiān xiàwǔ, Zuǒténg yí ge rén qù Dōngfāng
昨天 下午，佐藤 一 个 人 去 东方

Shāngchǎng mǎi dōngxi, tā zuò diàntī dàole wǔ lóu,
商场 买 东西，他 坐 电梯 到了 五 楼，

kàndào sīchóu chènshān hěn piàoliang, jiù mǎile yí
看到 丝绸 衬衫 很 漂亮，就 买了 一

jiàn. Běnlái, yí jiàn yào yìbǎi kuài qián, tā hé
件。本来，一 件 要 一百 块 钱，他 和

fúwùyuán huánle bàntiān jià, jiéguǒ, zhǐ huāle jiǔshí
服务员 还了 半天 价，结果，只 花了 九十

kuài qián. Wǎnshang tā qù fùjìn de cāntīng chī
块 钱。晚上 他 去 附近 的 餐厅 吃

fàn, yàole yí ge chǎocài hé èr liǎng shuǐjiǎo.
饭，要了 一 个 炒菜 和 二 两 水饺。

Chīwán fàn, yǐjing shì wǎnshang jiǔ diǎn duō le.
吃完 饭，已经 是 晚上 九 点 多 了。

Yīnwèi zài wàibian zhuànle hěn cháng shíjiān, fēicháng
因为 在 外边 转了 很 长 时间，非常

lèi, suǒyǐ huí jiā yǐhòu mǎshàng jiù shuì le.
累，所以 回 家 以后 马上 就 睡 了。

>> 発音レスキュー隊　軽声の働き

东西 dōngxi〔しなもの〕　过去 guòqu〔過ぎる〕　兄弟 xiōngdi〔弟〕
东西 dōngxī〔東西〕　过去 guòqù〔過去〕　兄弟 xiōngdì〔兄と弟，兄弟〕

昨天下午,佐藤一个人去东方商场买东西,他坐电梯到了五楼,看到丝绸衬衫很漂亮,就买了一件。本来,一件要一百块钱,他和服务员还了半天价,结果,只花了九十块钱。晚上他去附近的餐厅吃饭,要了一个炒菜和二两水饺。吃完饭,已经是晚上九点多了。因为在外边转了很长时间,非常累,所以回家以后马上就睡了。

>> 今日の表現　中国のお金

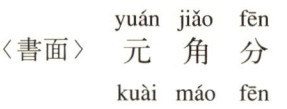

〈書面〉 yuán　jiǎo　fēn
　　　　元　　角　　分

〈口語〉 kuài　máo　fēn
　　　　块　　毛　　分

1元 =10角　　1角 =10分
1块　2块　5块　10块　50块　100块
1毛　2毛　5毛
1分　2分　5分

>> 文法のポイント

1 量詞のいろいろ

个 ge	人 rén 饺子 jiǎozi 书包 shūbāo	台 tái	电视机 diànshìjī 录像机 lùxiàngjī
件 jiàn	衬衫 chènshān 衣服 yīfu	双 shuāng	鞋 xié 袜子 wàzi 筷子 kuàizi
本 běn	书 shū 杂志 zázhì	块 kuài	豆腐 dòufu 石头 shítou
张 zhāng	纸 zhǐ 桌子 zhuōzi	把 bǎ	椅子 yǐzi 雨伞 yǔsǎn
只 zhī	猫 māo 羊 yáng 鸟 niǎo	条 tiáo	狗 gǒu 河 hé 毛巾 máojīn
支 zhī(枝)	铅笔 qiānbǐ 圆珠笔 yuánzhūbǐ	杯 bēi	乌龙茶 wūlóngchá 啤酒 píjiǔ 咖啡 kāfēi

2 "还了半天价" ──「動詞」と「目的語」の間に "半天"

看了**两个小时**电影　　kànle liǎng ge xiǎoshí diànyǐng
等了**十分钟**电车　　　děngle shí fēnzhōng diànchē
×看了电影两个小时

3 連動文 ── 動作の発生順に並べる

去商店**买**东西　　qù shāngdiàn mǎi dōngxi
来日本**留学**　　　lái Rìběn liúxué
回家**吃**午饭　　　huí jiā chī wǔfàn
去图书馆**看**书　　qù túshūguǎn kànshū

4 呼応文型

因为没有时间，**所以**不去旅行了。　Yīnwèi méiyou shíjiān, suǒyǐ bú qù lǚxíng le.
虽然只学了一年，**但是**他的中文很好。
　　　　　　　　　　　　　　　　　Suīrán zhǐ xuéle yì nián, dànshì tā de Zhōngwén hěn hǎo.
即使不会**也**没关系。　　Jíshǐ bú huì yě méi guānxi.
如果太忙，**就**不去了。　Rúguǒ tài máng, jiù bú qù le.

第16課

>> ドリル

① 下の表は佐藤君の先週のメモです．これを参考に，質問に答えなさい．

	上午	下午	晚上 7:00 —	12:00 —
星期一	中文课	历史课	看电视	睡觉
星期二	英文课	看电影		睡觉
星期三	在家	在家	在外边吃中国菜	回家
星期四	历史课			睡觉
星期五		中文课	在学校吃饭	睡觉
星期六	睡觉	买东西		睡觉
星期日	睡觉	睡觉	看书	睡觉

1) 他星期几有中文课?
2) 星期一晚上他做什么了?
3) 他看了多长时间电视?
4) 这个星期他去外边吃饭了吗?
5) 星期六他做什么了?
6) 他每天几点睡觉?

② 発音を聞いて，次の絵に対する説明として最も適当なものを選びなさい．

1)

a.
b.
c.

2)

a.
b.
c.

3)

a.
b.
c.

4)

a.
b.
c.

3 発音を聞いて，空欄を漢字で埋め，日本語に訳しなさい．

1） 在大商场不能（　　　　）。

2） （　　　　）陈芳很努力，（　　　　）喜欢她的人非常多。

3） 我在学校等了她（　　　　），结果，她还是（　　　　）。

4） 昨天，吃了（　　　　）以后，我和（　　　　）去唱卡拉ＯＫ了。我们唱了两个半小时，到家（　　　　）十二点了。

なぞなぞ

走也是坐，　　Zǒu yě shì zuò,
立也是坐，　　lì yě shì zuò,
坐也是坐，　　zuò yě shì zuò,
卧也是坐。　　wò yě shì zuò.

山鵲（さぎ）
猫头鹰 māotóuyīng

歩けど座り，
立てど座り，
座っていればもちろん座る，
寝ているときも座っている．

❖ 答えは109ページの図版

第16課　117

第16課　復習チェックシート

1．新しい単語，語句

- □ bàntiān　　　名 半日，長い間
- □ běnlái　　　副 もともと，最初は
- □ cāntīng　　　名 レストラン
- □ chǎocài　　　名 炒め物
- □ dōngxi　　　名 物
- □ fúwùyuán　　名 店員，服務員
- □ huā　　　　　動 （お金を）使う
- □ huánjià　　　動 値切る
- □ huí jiā　　　／ 家に帰る
- □ jiéguǒ　　　接 結局
- □ lèi　　　　　形 疲れる
- □ mǎshàng　　　副 すぐに
- □ piàoliang　　形 きれい
- □ sīchóu　　　名 シルク
- □ wàibian　　　名 外
- □ xiàwǔ　　　　名 午後
- □ yǐjing　　　副 もう，すでに
- □ yīnwèi…suǒyǐ　呼 ～だから
- □ zhǐ　　　　　副 ただ，～しか～ない
- □ zhuàn　　　　動 回る，ぶらぶらする

2．ピンインをつけてみよう

- □ 下午　　　　　　　　　　　名 午後
- □ 东西　　　　　　　　　　　名 物
- □ 坐　　　　　　　　　　　　動 座る，乗る
- □ 丝绸　　　　　　　　　　　名 シルク
- □ 漂亮　　　　　　　　　　　形 きれい
- □ 本来　　　　　　　　　　　副 もともと，最初は
- □ 服务员　　　　　　　　　　名 店員，服務員
- □ 还价　　　　　　　　　　　動 値切る
- □ 半天　　　　　　　　　　　名 半日，長い間
- □ 结果　　　　　　　　　　　接 結局
- □ 只　　　　　　　　　　　　副 ただ，～しか～ない
- □ 花　　　　　　　　　　　　動 （お金を）使う
- □ 餐厅　　　　　　　　　　　名 レストラン
- □ 炒菜　　　　　　　　　　　名 炒め物
- □ 两　　　　　　　　　　　　量 両

- □ 已经　　　　　　　　　　　　　副 もう，すでに
- □ 因为…所以　　　　　　　　　　呼 〜だから
- □ 外边　　　　　　　　　　　　　名 外
- □ 转　　　　　　　　　　　　　　動 回る，ぶらぶらする
- □ 时间　　　　　　　　　　　　　名 時間
- □ 累　　　　　　　　　　　　　　形 疲れる
- □ 回家　　　　　　　　　　　　　／ 家に帰る
- □ 马上　　　　　　　　　　　　　副 すぐに

3．役に立つ「今日の表現」
- □ 1枚100元です。
- □ 90元しか使わなかった。

4．文法のポイント──重要例文
- □ 看了两个小时电影
- □ 等了十分电车
- □ 去商店买东西
- □ 来日本留学
- □ 回家吃午饭
- □ 去图书馆看书
- □ 因为没有时间，所以不去旅行了。
- □ 虽然只学了一年，但是他的中文很好。
- □ 即使不会也没关系。
- □ 如果太忙，就不去了。

目で見る類義語

冰棍儿　雪糕　冰激凌　雪塔　奶稀　刨冰

"**冰棍儿**" bīnggùnr はいわゆるアイスキャンデー．果汁を冷凍したもので，棒がついている．"**雪糕**" xuěgāo となると，"**冰棍儿**"と形は同じでやはり棒がついているが，ミルクやクリームが入っていて，ちょっと高級である．カップに入ったアイスクリームは"**冰激凌**" bīngjilíng という．レストランで皿に盛られ，デザートにでてくるのもこの"**冰激凌**"だ．「ソフトクリーム」は"**雪塔**" xuětǎ，そびえ立つ「塔」のイメージだ．とろりとした「シェーキ」は"**奶稀**" nǎixī という．なお，「かき氷」は"**刨冰**" bàobīng．"**刨**" bào とはカンナなどで薄く削ること．

知るは楽しみ

略称・別称

　一口に"中国菜"Zhōngguócài と言っても，地域によってイメージされる料理は大きく異なる．"四大菜系"Sìdà càixì（四大料理）として以下のように分類される．

　　　鲁菜　　Lǔcài（山東料理）
　　　川菜　　Chuāncài（四川料理）
　　　苏菜　　Sūcài（江蘇料理）
　　　粤菜　　Yuècài（広東料理）

　"鲁"Lǔ は山東省を，"川"Chuān は四川省を，"苏"Sū は江蘇省を，"粤"Yuè は広東省を指す．このように中国の省，自治区，直轄市の名前にはそれぞれ略称・別称がある．略称とは地名の一部を用いたもの，"川""苏"がこれにあたる．別称とは地名と全く異なる呼び方で，"鲁""粤"がこれである．

　別称には二つのパターンがある．主流は古代の地名，国名などを受け継いだタイプ．山東省の別称"鲁"は，山東省一帯が春秋戦国時代に"鲁国"Lǔguó に属していたことに由来する．もう一つはその地方を流れる河の名前の一部を用いたタイプ．江西省の別称の"赣"Gàn は，省内を流れる河，"赣水"Gànshuǐ から来ている．

　地名の略称・別称はいろいろなところで活躍している．例えば北京－上海をつなぐ列車路線は"京－沪线"Jīng-Hù xiàn．"京"Jīng は"北京"Běijīng の略称．"沪"Hù は上海の別称，上海市内を流れる松江の下流を"沪渎"Hùdú と呼ぶことに由来する．

　車のナンバープレートにも略称・別称は登場する．さて，右のナンバープレートからどこの地方の車かわかるだろうか．

　　　　　　○　　　　○　　　　○

❶河北省の別称．古代中国の九州の一つ"冀州"Jìzhōu の一帯であったことから．
❷山西省の別称．この地帯は，春秋時代に"晋"の国に属していた．
❸広西チワン族自治区の別称．秦代に"桂林郡"Guìlínjùn が置かれていた．

❶ "冀" Jì

冀D 21358

❷ "晋" Jìn

晋A 42577

❸ "桂" Guì

桂E 05067

晋巨
09756

鲁C·31528

ユニット 4

人をさそえ
人に頼め
断わられもしよう
それが浮世さ

第17课　卡拉ＯＫ

カラオケ

生词

会 huì 助動 できる
唱 chàng 動 歌う
见面 jiànmiàn 動 会う
歌 gē 名 歌
不过 búguò 接 しかし，でも
真的 zhēn de ／ 本当である
太好了 tài hǎo le ／ 実によい
要是 yàoshi 接 もし～
事儿 shìr 名 用事

什么时候 shénme shíhou ／ いつ
门口 ménkǒu 名 門の前
着 zhe 助 ～している
再 zài 副 再び
不要 búyào 副 ～するな
又 yòu 副 また
不见不散 bú jiàn bú sàn ／ 会えるまで待つ

陈：你会唱中国歌吗？
Nǐ huì chàng Zhōngguó gē ma?

佐藤：会一点儿。不过，唱得不好。
Huì yìdiǎnr. Búguò, chàngde bù hǎo.

陈：没关系，我教你。
Méi guānxi, wǒ jiāo nǐ.

佐藤：真的？太好了！
Zhēn de? Tài hǎo le!

陈：要是你没事儿，一起去唱卡拉OK怎么样？
Yàoshi nǐ méi shìr, yìqǐ qù chàng kǎlāOK zěnmeyàng?

佐藤：好啊。什么时候去？
Hǎo a. Shénme shíhou qù?

陈：今天晚上八点行吗？
Jīntiān wǎnshang bā diǎn xíng ma?

佐藤：行。在哪儿见面？
Xíng. Zài nǎr jiànmiàn?

陈：学校门口吧。
Xuéxiào ménkǒu ba.

佐藤：好的，晚上八点，我在学校门口等着你。
Hǎo de, wǎnshang bā diǎn, wǒ zài xuéxiào ménkǒu děngzhe nǐ.

陈：你不要再迟到。
Nǐ búyào zài chídào.

佐藤：你又来了。好，不见不散。
Nǐ yòu lái le. Hǎo, bú jiàn bú sàn.

陈：你会唱中国歌吗?

佐藤：会一点儿。不过，唱得不好。

陈：没关系，我教你。

佐藤：真的? 太好了!

陈：要是你没事儿，一起去唱卡拉OK怎么样?

佐藤：好啊。什么时候去?

陈：今天晚上八点行吗?

佐藤：行。在哪儿见面?

陈：学校门口吧。

佐藤：好的，晚上八点，我在学校门口等着你。

陈：你不要再迟到。

佐藤：你又来了。好，不见不散。

>> 今日の表現　約束する

Míngtiān nǐ yǒu shíjiān ma?
明天 你 有 时间 吗?　　明日時間がありますか?

Shàngwǔ jiǔ diǎn zài chēzhàn jiànmiàn zěnmeyàng?
上午 九 点 在 车站 见面 怎么样?　午前9時に駅で会いましょうか?

Xīngqīrì wǎnshang qī diǎn bàn wǒ zài fàndiàn ménkǒu děng nǐ.
星期日 晚上 七 点 半 我 在 饭店 门口 等 你。
　　　　　　　　　　　　日曜夜7時半，ホテルの入り口で待っています．

Wǒ kāi chē qù jiē nín ba.
我 开 车 去 接 您 吧。　車で迎えに行きますよ．

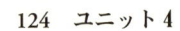

>> 文法のポイント

1 "会" huì ── 技能を身につけ「できる」

会游泳 huì yóuyǒng   会弹钢琴 huì tán gāngqín
不会喝酒，也不会抽烟 bú huì hē jiǔ, yě bú huì chōu yān
不会说法语 bú huì shuō Fǎyǔ
×明天你会来学校吗?

2 "唱得不好" ── 様態補語

我每天睡得很晚。   Wǒ měitiān shuìde hěn wǎn.
陈芳日文说得怎么样?   Chén Fāng Rìwén shuōde zěnmeyàng?
他吃饭吃得特别快。   Tā chī fàn chīde tèbié kuài.
×他吃饭得特别快。

3 "再" zài と "又" yòu ──「未然」と「已然」

我明天再来。   Wǒ míngtiān zài lái.
请您再说一遍。   Qǐng nín zài shuō yí biàn.
她昨天来了，今天又来了。   Tā zuótiān lái le, jīntiān yòu lái le.
她又买了一双皮鞋。   Tā yòu mǎile yì shuāng píxié.

4 "…着" zhe ──「〜テイル」の諸相

等着老师 děngzhe lǎoshī   想着她 xiǎngzhe tā   〈進行中〉
门开着 mén kāizhe   窗户关着 chuānghu guānzhe   〈結果の状態〉
戴着眼镜 dàizhe yǎnjìng   拿着钱包 názhe qiánbāo   〈　〃　〉
站着说话 zhànzhe shuō huà   坐着看书 zuòzhe kàn shū   〈方式〉

5 "不要…" búyào ──「禁止」の言い方

上课不要说话。   Shàngkè búyào shuō huà.
自己查词典，不要问别人。   Zìjǐ chá cídiǎn, búyào wèn biéren.

>> ドリル

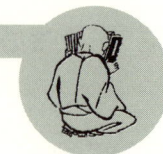

1. 発音を聞いて，空欄を漢字で埋めなさい．

   1）（　　　）你没事儿，一起去看电影（　　　）？

   2）上课（　　　）说话。

   3）他在学校门口（　　　）你。

2. 発音を聞いて，空欄を漢字で埋め，日本語に訳しなさい．

   1）
   A：你会说（　　　）吗？
   B：会一点儿。不过说得（　　　）好。
   A：你（　　　）中国吗？
   B：去过（　　　）。你呢？
   A：我还没去过。

   2）
   A：你会不会（　　　）？
   B：不会。
   A：会不会（　　　）？
   B：（　　　）不会。

3. 発音を聞いて，1）～3）の問に対する最も適当な答えをa～cから選びなさい．

   1）他们想一起去做什么？
   　　a．看中国电影。
   　　b．看日本电影。
   　　c．吃日本菜。

   2）什么时候去？
   　　a．明天晚上六点。
   　　b．今天晚上六点。
   　　c．明天晚上七点。

   3）在哪儿见面？
   　　a．在他家门口。
   　　b．在餐厅门口。
   　　c．在学校门口。

④ 絵を見て，どういう格好で動作をしているか "–着" zhe を使って言いなさい．

1）站／说话　　2）坐／看书　　3）站／吃饭　　4）坐／唱歌

⑤ 次の空欄に "又" か "再" を入れなさい．

1）你怎么（　　）迟到了？

2）请您（　　）说一遍。

3）她昨天（　　）喝酒了。

4）我（　　）不去那儿买东西了。

なぞなぞ‥

姑娘小辫冲着天，　　Gūniang xiǎobiàn chòngzhe tiān,
碰着火神泪涟涟，　　pèngzhe huǒshén lèi liánlián,
哭着哭着身子短，　　kūzhe kūzhe shēnzi duǎn,
到死剩下泪一摊。　　dào sǐ shèngxia lèi yì tān.

镜子 jìngzi　（镜）

おさげが上向き娘さん，
火に会いはらはら涙を流す，
泣いてるうちに身は縮み，
残るは涙のあとばかり．

❖ 答えは 33 ページの図版

第17課 ✓ 復習チェックシート

1．新しい単語，語句

- ☐ búguò　　　　　接 しかし，でも
- ☐ bú jiàn bú sàn　／ 会えるまで待つ
- ☐ búyào　　　　　副 ～するな
- ☐ chàng　　　　　動 歌う
- ☐ gē　　　　　　 名 歌
- ☐ huì　　　　　　助動 できる
- ☐ jiànmiàn　　　　動 会う
- ☐ ménkǒu　　　　 名 門の前
- ☐ shénme shíhou ／ いつ
- ☐ shìr　　　　　　名 用事
- ☐ tài hǎo le　　　 ／ 実によい
- ☐ yàoshi　　　　　接 もし～
- ☐ yòu　　　　　　副 また
- ☐ zài　　　　　　 副 再び
- ☐ zhe　　　　　　助 ～している
- ☐ zhēn de　　　　 ／ 本当である

2．ピンインをつけてみよう

- ☐ 会　　　　　　　　助動 できる
- ☐ 唱　　　　　　　　動 歌う
- ☐ 见面　　　　　　　動 会う
- ☐ 歌　　　　　　　　名 歌
- ☐ 不过　　　　　　　接 しかし，でも
- ☐ 真的　　　　　　　／ 本当である
- ☐ 太好了　　　　　　／ 実によい
- ☐ 要是　　　　　　　接 もし～
- ☐ 事儿　　　　　　　名 用事
- ☐ 什么时候　　　　　／ いつ
- ☐ 门口　　　　　　　名 門の前
- ☐ 着　　　　　　　　助 ～している
- ☐ 再　　　　　　　　副 再び
- ☐ 不要　　　　　　　副 ～するな
- ☐ 又　　　　　　　　副 また
- ☐ 不见不散　　　　　／ 会えるまで待つ

3．役に立つ「今日の表現」
　□明日時間がありますか？
　□午前9時に駅で会いましょうか？
　□日曜夜7時半，ホテルの入り口で待っています．
　□車で迎えに行きますよ．

4．文法のポイント——重要例文
　□会游泳
　□会弹钢琴
　□不会喝酒，也不会抽烟
　□不会说法语
　□我每天睡得很晚。
　□陈芳日文说得怎么样?
　□他吃饭吃得特别快。
　□我明天再来。
　□她昨天来了，今天又来了。
　□她又买了一双皮鞋。
　□我在学校门口等着你。
　□上课不要说话。
　□自己查词典，不要问别人。

補充語句+α　べからず集

不要回家　búyào huí jiā〔家に帰ってはいけません〕
别忘了革命　bié wàngle gémìng〔革命を忘れるな〕
禁止吸烟　jìnzhǐ xī yān〔禁煙〕
不许迟到　bùxǔ chídào〔遅刻するべからず〕
闲人免进　xiánrén miǎn jìn〔関係者以外立入禁止〕
请勿动手　qǐng wù dòngshǒu〔お手を触れないでください〕

第18课　打电话

電話をかける

生词

小姐 xiǎojie 名 〜さん（若い女性に対する称呼）
哪位 něi wèi ／ どなた
干 gàn 動 する，やる
呢 ne 助 〜している
电视 diànshì 名 テレビ
想 xiǎng 動 思う，〜したい
请 qǐng 動 招待する，おごる
抱歉 bàoqiàn 動 申し訳ない

要 yào 助動 〜しなければ
打工 dǎgōng 動 アルバイトをする
后天 hòutiān 名 明後日
更 gèng 副 更に
不行 bùxíng 形 だめ
为什么 wèi shénme ／ なぜ，どうして
天气预报 tiānqì yùbào 名 天気予報
说 shuō 動 言う
下雨 xià yǔ ／ 雨が降る

佐藤: Qǐngwèn, shì Chén Fāng xiǎojie jiā ma?
请问，是陈芳小姐家吗？

陈: Duì, nǐ shì něi wèi?
对，你是哪位？

佐藤: Wǒ shì Zuǒténg Mào.
我是佐藤茂。

陈: Zuǒténg a, wǒ jiù shì Chén Fāng.
佐藤啊，我就是陈芳。

佐藤: Nǐ gàn shénme ne?
你干什么呢？

陈: Kàn diànshì ne.
看电视呢。

佐藤: Míngtiān wǎnshang wǒ xiǎng qǐng nǐ chī Rìběncài, nǐ yǒu shíjiān ma?
明天晚上我想请你吃日本菜，你有时间吗？

陈: Zhēn bàoqiàn, míngtiān wǎnshang wǒ yào dǎgōng.
真抱歉，明天晚上我要打工。

佐藤: Nà hòutiān ne?
那后天呢？

陈: Hòutiān gèng bùxíng.
后天更不行。

佐藤: Wèi shénme?
为什么？

陈: Tiānqì yùbào shuō, hòutiān xià dàyǔ.
天气预报说，后天下大雨。

佐藤：请问，是陈芳小姐家吗？

陈：对，你是哪位？

佐藤：我是佐藤茂。

陈：佐藤啊，我就是陈芳。

佐藤：你干什么呢？

陈：看电视呢。

佐藤：明天晚上我想请你吃日本菜，你有时间吗？

陈：真抱歉，明天晚上我要打工。

佐藤：那后天呢？

陈：后天更不行。

佐藤：为什么？

陈：天气预报说，后天下大雨。

>> 今日の表現　電話をかける

Wèi, qǐng zhǎo yíxià Zuǒténg xiānsheng.	
喂，请找一下佐藤先生。	もしもし，佐藤さんをお願いします．
Chén xiǎojie zài ma?	
陈小姐在吗？	陳さんはいらっしゃいますか？
Qǐngwèn, shì Guójì Dàxué ma?	
请问，是国际大学吗？	すみません，国際大学ですか？
Qǐng zhuǎn nèixiàn líng jiǔ bā qī.	
请转内线〇九八七。	内線の０９８７をお願いします．

>> 文法のポイント

1 動詞の進行形 ―― "VP呢" "在VP" "在VP呢"〈VP＝動詞句〉

你干什么**呢**？ ―― 我洗衣服**呢**。　　Nǐ gàn shénme ne? ―― Wǒ xǐ yīfu ne.
我妈妈**在**做饭，爸爸**在**看报。　　Wǒ māma zài zuò fàn, bàba zài kàn bào.
一个男的**在**抽烟。　　Yí ge nán de zài chōu yān.
我**在**打电脑**呢**。　　Wǒ zài dǎ diànnǎo ne.

2 "想" xiǎng「～したい」と "要" yào「～しなければ」

佐藤**想**去中国留学。　　Zuǒténg xiǎng qù Zhōngguó liúxué.
我**不想**打工。　　Wǒ bù xiǎng dǎgōng.
明天我**要**早点儿起床。　　Míngtiān wǒ yào zǎo diǎnr qǐchuáng.
对不起，我**要**睡觉了。　　Duìbuqǐ, wǒ yào shuìjiào le.

3 現象文

下雨　xià yǔ　　　下雪　xià xuě　　　刮风　guā fēng
出太阳　chū tàiyáng　　开花　kāi huā　　来客人　lái kèren

4 "请你吃日本菜" ―― 兼語文

| 请 | 你 | 吃日本菜 |

请你来一下。　　Qǐng nǐ lái yíxià.
学校**派**小陈去上海。　　Xuéxiào pài Xiǎo-Chén qù Shànghǎi.
妈妈**劝**爸爸少喝酒。　　Māma quàn bàba shǎo hē jiǔ.

5 時の表し方

前天　qiántiān　　昨天　zuótiān　　**今天**　jīntiān　　明天　míngtiān　　后天　hòutiān
前年　qiánnián　　去年　qùnián　　**今年**　jīnnián　　明年　míngnián　　后年　hòunián
　　上个月　shàng ge yuè　　**这个月**　zhèige yuè　　　　下个月　xià ge yuè
　　上星期　shàng xīngqī　　**这个星期**　zhèige xīngqī　　下星期　xià xīngqī

第18課

>> ドリル

1 発音を聞いて，絵と合うものをa～cから選びなさい．

1) 
a.
b.
c.

2) 
a.
b.
c.

3) 
a.
b.
c.

2 絵を見て，質問に答えなさい．

1)

2)

3)

4)

3 発音を聞いて，空欄を埋め，日本語に訳しなさい．

1) 李老师常常（　　　）我们吃中国菜。

2) 我今天身体不太好，不想（　　　）。

3) （　　　）了，快（　　　）吧。

なぞなぞ

全身公鸡毛，　　Quánshēn gōngjī máo,
不吃也不叫，　　bù chī yě bú jiào,
桌上走一趟，　　zhuōshang zǒu yí tàng,
灰尘都跑掉。　　huīchén dōu pǎodiào.

风 fēng（かぜ）

全身これはオンドリの毛，
エサも食べず鳴きもせず，
机の上をひとめぐり，
チリもホコリもどこへやら．

❖答えは143ページの図版

第18課　復習チェックシート

1．新しい単語，語句

- □ bàoqiàn　　　　動 申し訳ない
- □ bùxíng　　　　 形 だめ
- □ dǎgōng　　　　動 アルバイトをする
- □ diànshì　　　　名 テレビ
- □ gàn　　　　　 動 する，やる
- □ gèng　　　　　副 更に
- □ hòutiān　　　　名 明後日
- □ ne　　　　　　助 ～している
- □ něi wèi　　　　／ どなた
- □ qǐng　　　　　動 招待する，おごる
- □ shuō　　　　　動 言う
- □ tiānqì yùbào　　名 天気予報
- □ wèi shénme　　／ なぜ，どうして
- □ xià yǔ　　　　／ 雨が降る
- □ xiǎng　　　　　動 思う，～したい
- □ xiǎojie　　　　名 ～さん（若い女性に対する称呼）
- □ yào　　　　　助動 ～しなければ

2．ピンインをつけてみよう

- □ 小姐　　　　　　　　　名 ～さん（若い女性に対する称呼）
- □ 哪位　　　　　　　　　／ どなた
- □ 干　　　　　　　　　　動 する，やる
- □ 呢　　　　　　　　　　助 ～している
- □ 电视　　　　　　　　　名 テレビ
- □ 想　　　　　　　　　　動 思う，～したい
- □ 请　　　　　　　　　　動 招待する，おごる
- □ 抱歉　　　　　　　　　動 申し訳ない
- □ 要　　　　　　　　　 助動 ～しなければ
- □ 打工　　　　　　　　　動 アルバイトをする
- □ 后天　　　　　　　　　名 明後日
- □ 更　　　　　　　　　　副 更に
- □ 不行　　　　　　　　　形 だめ
- □ 为什么　　　　　　　　／ なぜ，どうして
- □ 天气预报　　　　　　　名 天気予報
- □ 说　　　　　　　　　　動 言う
- □ 下雨　　　　　　　　　／ 雨が降る

3．役に立つ「今日の表現」
　　□もしもし，佐藤さんをお願いします．
　　□陳さんはいらっしゃいますか？
　　□すみません，国際大学ですか？
　　□内線の０９８７をお願いします．

4．文法のポイント──重要例文
　　□你干什么呢？
　　□我洗衣服呢。
　　□我妈妈在做饭，爸爸在看报。
　　□一个男的在抽烟。
　　□我在打电脑呢。
　　□佐藤想去中国留学。
　　□我不想打工。
　　□明天我要早点儿起床。
　　□对不起，我要睡觉了。
　　□后天下大雨。
　　□请你来一下。
　　□学校派小陈去上海。
　　□妈妈劝爸爸少喝酒。
　　□明天晚上你有时间吗？
　　□明天晚上我要打工。

補充語句+α 週末の天気は？

晴间多云　qíng jiān duō yún〔晴れときどき曇り〕
下雪　xià xuě〔雪〕
有雨　yǒu yǔ〔雨〕
刮风　guā fēng〔風〕
晴转阴　qíng zhuǎn yīn〔晴れのち曇り〕

10月1日 星期五　阴转晴　北风一二级转四五级 10/19℃

10月2日 星期六　晴　北风四五级转一二级 8/20℃

第19课　托你一件事儿

1つ頼みたいことがあります

生词

CD 2-33

- 挺 tǐng 副 結構, なかなか
- 听说 tīngshuō 動 〜だそうだ
- 放心 fàngxīn 動 安心する
- 就要…了 jiù yào…le 呼 間もなく〜する
- 呆 dāi 動 しばらくとどまる（正式には"待"と書く）
- 回来 huílai 動 戻ってくる
- 托 tuō 動 頼む
- 带 dài 動 身につけて持つ
- 当然 dāngrán 形 もちろん
- 没问题 méi wèntí ／ 問題ない
- 把 bǎ 前 〜を
- 拿来 nálai 動 持ってくる
- 地址 dìzhǐ 名 住所
- 号码 hàomǎ 名 番号
- 一定 yídìng 副 きっと, 必ず
- 办到 bàndào 動 やり遂げる
- 盒 hé 量 箱（小さな容器に入っているものを数える）
- 乌龙茶 wūlóngchá 名 ウーロン茶
- 送给 sònggěi 動 〜に贈る
- 祝 zhù 動 〜であれと祈る
- 一路顺风 yí lù shùn fēng ／ 旅行が順調である

陈：Éi, nǐ zhèi jiàn chènshān tǐng piàoliang, zài nǎr mǎi de?
欸，你这件衬衫挺漂亮，在哪儿买的？

佐藤：Zài Dōngfāng Shāngchǎng.
在东方商场。

陈：Shì ma. Tīngshuō nǐ xià xīngqī jiù yào huí Rìběn le?
是吗。听说你下星期就要回日本了？

佐藤：Duì, zài Rìběn dāi liǎng ge xīngqī jiù huílai.
对，在日本呆两个星期就回来。

陈：Wǒ xiǎng tuō nǐ gěi péngyou dài diǎnr dōngxi, xíng ma?
我想托你给朋友带点儿东西，行吗？

佐藤：Dāngrán méi wèntí.
当然没问题。

陈：Nà míngtiān wǒ bǎ dōngxi nálai.
那明天我把东西拿来。

* * *

陈：Zhè shì wǒ péngyou de dìzhǐ hé diànhuà hàomǎ.
这是我朋友的地址和电话号码。

佐藤：Fàngxīn ba, wǒ yídìng bàndào.
放心吧，我一定办到。

陈：Zhèr hái yǒu liǎng hé wūlóngchá, sònggěi nǐ fùmǔ.
这儿还有两盒乌龙茶，送给你父母。

佐藤：Tài xièxie le. Tāmen yídìng hěn gāoxìng.
太谢谢了。他们一定很高兴。

陈：Zhù nǐ yí lù shùn fēng.
祝你一路顺风。

陈：欸，你这件衬衫挺漂亮，在哪儿买的？

佐藤：在东方商场。

陈：是吗。听说你下星期就要回日本了？

佐藤：对，在日本呆两个星期就回来。

陈：我想托你给朋友带点儿东西，行吗？

佐藤：当然没问题。

陈：那明天我把东西拿来。

* * *

陈：这是我朋友的地址和电话号码。

佐藤：放心吧，我一定办到。

陈：这儿还有两盒乌龙茶，送给你父母。

佐藤：太谢谢了。他们一定很高兴。

陈：祝你一路顺风。

>> 今日の表現　お願いする

Wǒ xiǎng qiú nǐ yí jiàn shì. 我 想 求 你 一 件 事。	あなたにお願いしたいことが1つあります．
Bāng wǒ dìng yíxiàr piào kěyǐ ma? 帮 我 订 一下儿 票 可以 吗？	切符の予約を手伝ってくれませんか．
Máfan nǐ míngtiān gěi wǒ dàilai hǎo ma? 麻烦 你 明天 给 我 带来 好 吗？	お手数ですが明日持ってきていただけませんか．
Jiè wǒ yòngyong xíng ma? 借 我 用用 行 吗？	お借りしてもいいですか．

>> 文法のポイント

1 "是…的" shì…de —— 実現済みのことについて,「いつ,どこで,誰が,どうやって……」などを説明する

你**是**什么时候来日本**的**? Nǐ shì shénme shíhou lái Rìběn de?
我的中文**是**在上海学**的**。 Wǒ de Zhōngwén shì zài Shànghǎi xué de.
你（**是**）听谁说**的**? Nǐ (shì) tīng shéi shuō de?
他**是**走着来**的**。 Tā shì zǒuzhe lái de.

2 "就要…了" jiù yào…le ——「もうすぐ～だ」

就要放春假**了**。 Jiù yào fàng chūnjià le.
快要考试**了**。 Kuàiyào kǎoshì le.
听说陈芳**要**回国**了**。 Tīngshuō Chén Fāng yào huí guó le.

3 方向補語

(1) 動詞の後に"来／去"をつけて移動の方向を示す

　回**来** huílai　买**来** mǎilai　拿**去** náqu　跑**去** pǎoqu　带**来** dàilai

(2) "上、下、进、出、回、过、起"で移動の方向を表すこともできる

　走**上** zǒushang　走**下** zǒuxia　跑**出** pǎochu　跑**回** pǎohui　拿**起** náqi

(3) 上の２つを合体させて,より複雑な方向を表すことができる（複合方向補語）

	ノボル 上 shàng	クダル 下 xià	ハイル 进 jìn	デル 出 chū	モドル 回 huí	スギル 过 guò	オキル 起 qǐ
来 lai	上来	下来	进来	出来	回来	过来	起来
去 qu	上去	下去	进去	出去	回去	过去	——

　走**出来** zǒuchulai　跑**进去** pǎojinqu　拿**起来** náqilai　带**回去** dàihuiqu

(4) 目的語は"来／去"の前にくると覚えておく

　走出**教室**来 zǒuchu jiàoshì lai　拿起**笔**来 náqi bǐ lai　带回**家**去 dàihui jiā qu

4 "把" bǎ ——「～を」．"把"の目的語をどう処置するか

把窗户关上。 Bǎ chuānghu guānshang.
把时间记错了。 Bǎ shíjiān jìcuò le.
已经**把**饭做好了。 Yǐjing bǎ fàn zuòhǎo le.
×把书看。〈動詞はハダカではだめ〉

>> ドリル

1 絵を見て，A・Bそれぞれの位置にいる人の立場に立って，動きを表現しなさい．

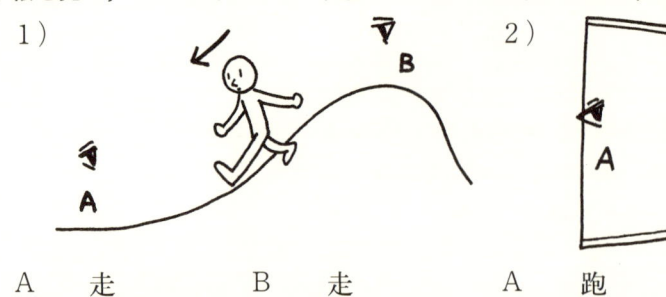

1）　A ＿走＿＿＿　B ＿走＿＿＿　　2）　A ＿跑＿＿＿　B ＿跑＿＿＿

2 次の文を"把"を使った文に直しなさい．

　　1）你带词典来了吗？　　　　→ ＿＿＿＿＿＿＿＿＿＿＿
　　2）请关上窗户。　　　　　　→ ＿＿＿＿＿＿＿＿＿＿＿
　　3）请你打开门。　　　　　　→ ＿＿＿＿＿＿＿＿＿＿＿
　　4）我已经做好午饭了。　　　→ ＿＿＿＿＿＿＿＿＿＿＿

3 発音を聞いて，1）〜3）の問に対する最も適当な答えをa〜cから選びなさい．

1）　男的什么时候去中国？

　　a．下个月七号。
　　b．这个月十一号。
　　c．下个月十号。

2）　他要去几天？

　　a．去一个星期。
　　b．去一个月。
　　c．去很长时间。

3）　女的托男的做什么？

　　a．买一本词典。
　　b．买几本词典。
　　c．买几本中文书。

4 発音を聞いて，空欄を埋めてから，日本語に訳しなさい．

1) （　　　　）你们的英语老师也（　　　　　），是吗？

2) 请把你的（　　　　）号码和（　　　　）写一下儿。

3) 这是我（　　　　）你的生日（　　　　）。

5 絵に合う祝福の言葉をa〜cから選びなさい．

1)　　　　　　　2)　　　　　　　3)

a．祝您身体健康　　　b．祝你生日快乐　　　c．祝你们幸福

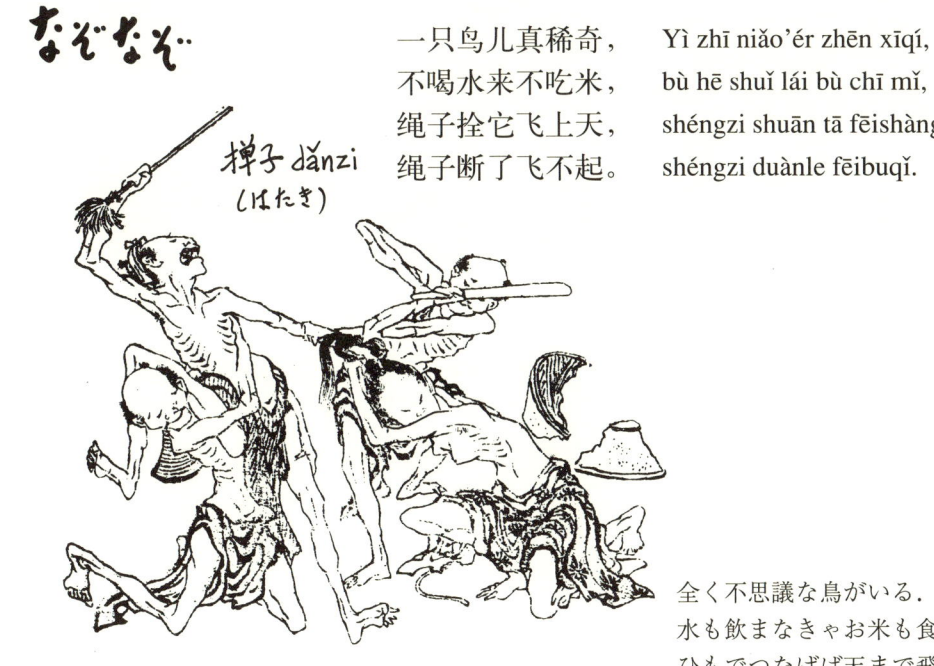

なぞなぞ

掸子 dǎnzi（はたき）

一只鸟儿真稀奇，　　Yì zhī niǎo'ér zhēn xīqí,
不喝水来不吃米，　　bù hē shuǐ lái bù chī mǐ,
绳子拴它飞上天，　　shéngzi shuān tā fēishàng tiān,
绳子断了飞不起。　　shéngzi duànle fēibuqǐ.

全く不思議な鳥がいる．
水も飲まなきゃお米も食べぬ，
ひもでつなげば天まで飛ぶが，
ひもが切れれば飛べなくなる．

❖ 答えは41ページの図版

第19課 復習チェックシート

1．新しい単語，語句

- ☐ bǎ　　　　　　前　～を
- ☐ bàndào　　　　動　やり遂げる
- ☐ cái　　　　　　副　やっと
- ☐ dāi　　　　　　動　しばらくとどまる
- ☐ dài　　　　　　動　身につけて持つ
- ☐ dāngrán　　　　形　もちろん
- ☐ dìzhǐ　　　　　名　住所
- ☐ fàngxīn　　　　動　安心する
- ☐ hàomǎ　　　　名　番号
- ☐ hé　　　　　　量　箱
- ☐ huílai　　　　動　戻ってくる
- ☐ jiù yào…le　　呼　間もなく～する
- ☐ méi wèntí　　／　問題ない
- ☐ nálai　　　　動　持ってくる
- ☐ sònggěi　　　動　～に送る
- ☐ tīngshuō　　　動　～だそうだ
- ☐ tǐng　　　　　副　結構，なかなか
- ☐ tuō　　　　　動　頼む
- ☐ wūlóngchá　　名　ウーロン茶
- ☐ yídìng　　　　副　きっと，必ず
- ☐ yí lù shùn fēng　／　旅行が順調である
- ☐ zhù　　　　　動　～であれと祈る

2．ピンインをつけてみよう

- ☐ 挺　　　　………………………　副　結構，なかなか
- ☐ 才　　　　………………………　副　やっと
- ☐ 听说　　　………………………　動　～だそうだ
- ☐ 放心　　　………………………　動　安心する
- ☐ 就要…了　………………………　呼　間もなく～する
- ☐ 呆　　　　………………………　動　しばらくとどまる
- ☐ 回来　　　………………………　動　戻ってくる
- ☐ 托　　　　………………………　動　頼む
- ☐ 带　　　　………………………　動　身につけて持つ
- ☐ 当然　　　………………………　形　もちろん
- ☐ 没问题　　………………………　／　問題ない
- ☐ 把　　　　………………………　前　～を
- ☐ 拿来　　　………………………　動　持ってくる
- ☐ 地址　　　………………………　名　住所

□号码		名	番号
□一定		副	きっと，必ず
□办到		動	やり遂げる
□盒		量	箱
□乌龙茶		名	ウーロン茶
□送给		動	～に送る
□祝		動	～であれと祈る
□一路順风		/	旅行が順調である

3．役に立つ「今日の表現」
　□あなたにお願いしたいことが1つあります．
　□切符の予約を手伝ってくれませんか．
　□お手数ですが明日持ってきていただけませんか．
　□お借りしてもいいですか．

4．文法のポイント——重要例文
　□你是什么时候来日本的？
　□我的中文是在上海学的。
　□你（是）听谁说的？
　□他是走着来的。
　□就要放春假了。
　□快要考试了。
　□听说陈芳要回国了。
　□在日本呆两个星期就回来。
　□我把东西拿来。
　□把窗户关上。
　□把时间记错了。
　□已经把饭做好了。

補充語句 +α　中国土産は何がいい？——切り絵はいらないよ

图章　túzhāng〔ハンコ〕
印泥　yìnní〔印泥〕
笔筒　bǐtǒng〔筆立て〕
茉莉花茶　mòli huāchá〔ジャスミン茶〕
T恤　T xù〔Tシャツ〕
五粮液　wǔliángyè〔五糧液〕（四川省のお酒）
旗袍　qípáo〔チャイナドレス〕

第20课　佐藤茂和陈芳

佐藤くんと陳芳さん

生词

好几年 hǎo jǐ nián 　 何年も
不错 búcuò 形 悪くない，よい
但是 dànshì 接 しかし
不大会 bú dà huì 　 あまりできない
于是 yúshì 接 そこで
为了 wèile 前 ～（の）ために
感谢 gǎnxiè 動 感謝する
地 de 助 （連用修飾語を導く）
打算 dǎsuan 動 ～するつもりだ

可是 kěshì 接 しかし，けれども
不巧 bù qiǎo 　 あいにく
抽 chōu 動 （時間を）割く
快要…了 kuàiyào…le 呼 間もなく～になる
放寒假 fàng hánjià 　 冬休みになる
准备 zhǔnbèi 動 準備する
探亲 tànqīn 動 里帰りをする
让 ràng 動 ～させる
答应 dāying 動 ひき受ける

佐藤学中文学了好几年了，中文说得不错，但是，还不大会唱中国歌。陈芳说要教他唱，于是，他们一起去唱了卡拉OK。为了感谢陈芳，佐藤打算请她去吃日本菜。可是很不巧，陈芳抽不出时间。

快要放寒假了，佐藤准备回国探亲。陈芳让他给朋友带了一点儿礼物，还送给佐藤的父母两盒中国茶叶。佐藤非常高兴地答应了。

佐藤 学 中文 学了 好几年 了，中文 说得 不错，但是，还 不大 会 唱 中国 歌。陈芳 说 要 教 他 唱，于是，他们 一起 去 唱了 卡拉OK。为了 感谢 陈芳，佐藤 打算 请 她 去 吃 日本 菜。可是 很 不 巧，陈芳 抽不出 时间。快要 放 寒假 了，佐藤 准备 回国 探亲。陈芳 让 他 给 朋友 带了 一点儿 礼物，还 送给 佐藤 的 父母 两 盒 中国 茶叶。佐藤 非常 高兴 地 答应 了。

>> 今日の表現　ひき受ける／断る

Méi wèntí.
没 问题。大丈夫です．

Bāozai wǒ shēn shang.
包在 我 身 上。任せて下さい．

Nǐ fàngxīn ba.
你 放心 吧。ご安心下さい．

Wǒ yídìng xiǎng bànfǎ.
我 一定 想 办法。何とかします．

Shuōbùhǎo.
说不好。何とも言えません．

Ràng wǒmen zài hǎohaor xiǎngxiang.
让 我们 再 好好 想想。よく考えさせて下さい．

Kǒngpà bú tài hǎo bàn.
恐怕 不 太 好 办。どうもちょっと難しいね．

Wǒ huíqu shāngliangshāngliang.
我 回去 商量商量。戻って相談します．

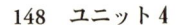

>> 文法のポイント

1 "好几…" hǎo jǐ … —— 数の多いことを表す

　　好几件衣服　hǎo jǐ jiàn yīfu
　　好几十天　hǎo jǐ shí tiān
　　好几百个人　hǎo jǐ bǎi ge rén

2 "为了…" wèile … ——「〜のために」

　　为了进大学，他现在努力学习英文。　　Wèile jìn dàxué, tā xiànzài nǔlì xuéxí Yīngwén.
　　喝乌龙茶是为了减肥。　　　　　　　　Hē wūlóngchá shì wèile jiǎnféi.
　　为了我们的友谊，干杯！　　　　　　　Wèile wǒmen de yǒuyì, gānbēi!

3 "让" ràng ——「(人に) 〜させる」

　　老师让学生查词典。　　Lǎoshī ràng xuésheng chá cídiǎn.
　　爸爸不让我抽烟。　　　Bàba bú ràng wǒ chōu yān.
　　谁让你进来的?　　　　Shéi ràng nǐ jìnlai de?

4 "的""得""地" —— 3つの "de"

　　认真的人　　　rènzhēn de rén
　　学得很认真　　xuéde hěn rènzhēn
　　认真地学习　　rènzhēn de xuéxí

>> ドリル

1 発音を聞いて空欄を埋めてから，日本語に訳しなさい．

1) 他（　　　）都已经（　　　）六十岁了。

2) 中国有（　　　）千年的历史。

3) （　　　）让爸爸妈妈放心，他常常给他们（　　　）。

4) 我让陈芳给朋友（　　　）点儿东西，她很高兴（　　　）答应了。

2 発音を聞いて，文の内容に合うものをa～cの中から選びなさい．

1) 陈芳是什么时候来日本的?
  a．三年前。
  b．今年十二月。
  c．去年。

2) 她现在日语说得怎么样?
  a．说得不太好。
  b．还可以。
  c．非常好。

3) 她的生日几月几号?
  a．十月二十一号。
  b．十一月十七号。
  c．十二月七号。

3 発音を聞いてAのセリフを書き取り，Bの役になって答えなさい．

A1：你们学校什么时候（　　　）寒假?
B1：
A2：寒假你（　　　）做什么?
B2：
A3：你去过（　　　）吗?
B3：
A4：你会唱（　　　）吗?
B4：

なぞなぞ

稀奇真稀奇，　　Xīqí zhēn xīqí,
鼻梁当马骑，　　bíliángr dàng mǎ qí,
古怪真古怪，　　gǔguài zhēn gǔguài,
耳朵用脚踩。　　ěrduo yòng jiǎo cǎi.

毛笔 máobǐ（筆）

フシギ　フシギ,
マカフシギ,
鼻にまたがり,
耳は足で踏みつける.

❖答えは83ページの図版

第20課　151

第20課 ✓ 復習チェックシート

1．新しい単語，語句

□ búcuò	形	悪くない，よい
□ bú dà huì	/	あまりできない
□ bù qiǎo	/	あいにく
□ chōu	動	（時間を）割く
□ dāying	動	ひき受ける
□ dǎsuan	動	～するつもりだ
□ dànshì	接	しかし
□ de	助	（連用修飾語を導く）
□ fàng hánjià	/	冬休みになる
□ gǎnxiè	動	感謝する
□ hǎo jǐ nián	/	何年も
□ kěshì	接	しかし，けれども
□ kuàiyào…le	呼	間もなく～になる
□ ràng	動	～させる
□ tànqīn	動	里帰りをする
□ wèile	前	～（の）ために
□ yúshì	接	そこで
□ zhǔnbèi	動	準備する

2．ピンインをつけてみよう

□好几年	....	/	何年も
□不错	....	形	悪くない，よい
□但是	....	接	しかし
□不大会	....	/	あまりできない
□于是	....	接	そこで
□为了	....	前	～（の）ために
□感谢	....	動	感謝する
□地	....	助	（連用修飾語を導く）
□打算	....	動	～するつもりだ
□可是	....	接	しかし，けれども
□不巧	....	/	あいにく
□抽	....	動	（時間を）割く
□快要…了	....	呼	間もなく～になる
□放寒假	....	/	冬休みになる
□准备	....	動	準備する
□探亲	....	動	里帰りをする
□让	....	動	～させる
□答应	....	動	ひき受ける

3．役に立つ「今日の表現」
  □大丈夫です．
  □何とも言えません．
  □任せて下さい．
  □よく考えさせて下さい．
  □ご安心下さい．
  □どうもちょっと難しいね．
  □何とかします．
  □戻って相談します．

4．文法のポイント——重要例文
  □佐藤学中文学了好几年了。
  □为了进大学，他现在努力学习英文。
  □喝乌龙茶是为了减肥。
  □为了我们的友谊，干杯!
  □老师让学生查词典。
  □爸爸不让我抽烟。
  □谁让你进来的?
  □佐藤非常高兴地答应了。
  □认真的人
  □学得很认真
  □认真地学习

目で見る類義語

冲咖啡　煮咖啡　倒咖啡

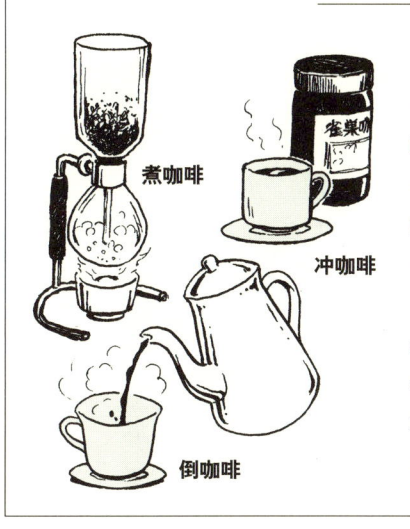

すぐにコーヒーが飲みたければ，便利なインスタントコーヒーがいい．お湯を注げばできあがりだ．これが"**冲咖啡**" chōng kāfēi．本格派はサイフォンを使う．これは下からアルコールランプでお湯を湧かす．"**煮咖啡**" zhǔ kāfēi だ．今はコーヒーメーカーで電気だが，動詞はやはり"**煮**" zhǔ を使う．事前にコーヒーをポットの中に用意しておき，飲むときにカップに注ぐ，これなら"**倒咖啡**" dào kāfēi だ．これで人にコーヒーを出すときは"**我给您倒杯咖啡吧．**" Wǒ gěi nín dào bēi kāfēi ba. という．お茶の場合も同じような動作になるので"**倒茶**" dào chá といわれる．

名作名訳

『哀愁』(1940)という映画をご存じだろうか．ビビアン・リー，ロバート・テイラーの美男美女が演じる名作である．英語の原題はWATERLOO BRIDGE．これをそのまま「ワーテルローの橋」としては芸がない．誰が智恵を絞ったのか，『哀愁』という名題が生まれた．

中国では《魂断蓝桥》Húnduàn Lánqiáo という．こちらも負けじと名訳の誉れ高い．ラストでビビアン・リーが橋の上で自ら命を絶つことから"魂断"．"蓝桥"は，その昔，男女の逢瀬の場所．故事に，恋人と"蓝桥"の下で会う約束をした尾生という若者が，河の水かさが増してもひたすら恋人を待ち続け，ついに橋柱を抱いて死んでしまったという．『哀愁』と《魂断蓝桥》，題名からはとても同じ映画とは思えない．

では右の映画，中国語の題からお馴染みの日本名を当てていただこう．

　　　　○　　　　○　　　　○

❶フォレスト・ガンプ（米1994）:「阿Q正伝」を連想させる訳である．
❷キッド（米1921）:監督・主演"卓别林"Zhuóbiélín（チャップリン）．他に《淘金记》Táojīnjì（黄金狂時代），《城市之光》Chéngshì zhī guāng（ライムライト）等の作品がある．
❸マイ・フェア・レディ（米1964）:主演"奥黛丽・赫本"Àodàilì Hèběn（オードリー・ヘップバーン）．他に《罗马假日》Luómǎ jiàrì（ローマの休日），《第凡内的早餐》Dìfánnèi de zǎocān（ティファニーで朝食を）等．
❹サイコ（米1960）:監督"希区柯克"Xīqūkēkè（ヒッチコック）．他に1940年に"奥斯卡金像奖"Àosīkǎ jīnxiàngjiǎng（アカデミー賞）を受賞した《蝴蝶梦》Húdiémèng（レベッカ），《西北偏北》Xīběi piānběi（北北西に進路をとれ），《后窗》Hòuchuāng（裏窓）等がある．

❶阿甘正传 Ā-Gān zhèngzhuàn

❷寻子遇仙记 Xúnzǐ yùxiānjì

❸窈窕淑女 Yǎotiǎo shūnǚ

❹精神病患者 Jīngshénbìng huànzhě

索 引

各課の"生词"および文法のポイント，補充語句に出てきた語句の初出を示した．
数字は課の番号で，太字は"生词"，細字はそれ以外を表す．

	[A]			bú tài	不太	12	dǎsuan	打算	**20**
a	啊	6		bùxíng	不行	**14,18**	dǎzhé	打折	**14**
	[B]			bùxǔ	不许	17	dà	大	**8**
bā	八	**9**		búyào	不要	13,17	dàgài	大概	**13**
bǎ	把［前］	**19**		bu	不［可能補語］	15	dàhào	大号	**14**
bǎ	把［量］	**9**			**[C]**		dàxué	大学	**8**
bǎi	百	**9**		cāntīng	餐厅	**16**	dàxuéshēng	大学生	**6,8**
bàba	爸爸	**9**		chá	茶	**7**	dāi	呆	**19**
bàn	半	**13**		chá	查	17	dài	戴	**10**
bàndào	办到	19		chà	差	**13**	dài	带	**19**
bàntiān	半天	**16**		chàbuduō	差不多	15	dàihuiqu	带回去	19
bànyè	半夜	**13**		cháng	长	**14**	dàilai	带来	19
bàngwǎn	傍晚	**13**		chàng	唱	**10,12**	dànshì	但是	**20**
bào	报	**7**		chǎocài	炒菜	**16**	dāngrán	当然	**11**
bàoqiàn	抱歉	**18**		chènshān	衬衫	**14**	dāo	刀	**9**
bēi	杯	**9**		chī	吃	**6,11**	de	的	**8**
Běijīng kǎoyā	北京烤鸭	**11**		chībuliǎo	吃不了	15	de	得［可能補語］	15
běn	本	**9**		chīdeliǎo	吃得了	15	de	得［様態補語］	17
běnlái	本来	**16**		chīliǎo	吃了	15	de	地	**20**
bǐ	比	**9**		chídào	迟到	**6**	děng	等	**16**
bǐ	笔	**19**		chōu	抽	**20**	dìtú	地图	**9**
bǐrú	比如	**12**		chōu yān	抽烟	17	dìzhǐ	地址	**19**
bǐtǒng	笔筒	**19**		chū tàiyáng	出太阳	**18**	diǎn	点	**13**
biàn	遍	**17**		chuān	穿	**10**	diǎnr	点儿	**14**
bié	别	**17**		chuánzhēn	传真	**11**	diànbīngxiāng	电冰箱	11
biéren	别人	**17**		chuānghu	窗户	17	diànchē	电车	**16**
bīngxiāng	冰箱	**11**		chuáng	床	**9**	diànhuà	电话	**7**
bōluó	菠萝	**14**		cídiǎn	词典	**9**	diànnǎo	电脑	**11**
bù	不	**6**		cóng	从	**13**	diànshì	电视	**7,18**
búcuò	不错	**20**			**[D]**		diànshìjī	电视机	11
bú dà huì	不大会	20		dāying	答应	**20**	diàntī	电梯	**13**
búguò	不过	**12**		dǎ	打	**7**	diànyǐng	电影	**12**
bú jiàn bú sàn	不见不散	17		dǎgōng	打工	**18**	dǐng	顶	**9**
bú kèqi	不客气	**7**		dǎkāi	打开	7	Dōngfāng Shāngchǎng		
bùqiǎo	不巧	**20**		dǎrǎo	打扰	7		东方商场	13

Dōngjīngrén	东京人	8		**[G]**			hǎo jiǔ bú jiàn	好久不见	6
dōngxi	东西	14,16		gānbēi	干杯	20	hǎo péngyou	好朋友	6
dōu	都	8		gǎnxiè	感谢	20	hào	号	9
dòufu	豆腐	16		gàn	干	18	hàomǎ	号码	19
duǎn	短	14		gāngqín	钢琴	17	hē	喝	7
duì	对 [形]	9		gāo	高	9	hé	盒	19
duì	对 [前]	11		gāoxìng	高兴	5	hé	河	16
duìbuqǐ	对不起	6		gē	歌	10,17	hé	和	8
duō	多 [形]	5		ge	个	9	hēibǎn	黑板	7
duō	多 [副]	9		gēge	哥哥	9	hēisè	黑色	14
duō cháng	多长	9		gémìng	革命	17	hěn	很	5
duō dà	多大	9		gěi	给 [前]	14	hóngchá	红茶	7
duō gāo	多高	9		gěi	给 [動]	10	hòu	后	13
duōshao qián	多少钱	14		gèng	更	18	hòunián	后年	18
duō shēn	多深	9		gōngbào jīdīng	宫爆鸡丁	15	hòutiān	后天	18
duō yuǎn	多远	9		gōngjīn	公斤	15	húluóbo	胡萝卜	14
duō zhòng	多重	9		gōngsī	公司	12	huā	花	16
[E]				gōngzuò	工作 [名]	11	huà huàr	画画儿	10
éi	欸	5,6		gōngzuò	工作 [動]	11	huánjià	还价	16
èr	二	9		gǒu	狗	16	huí	回	7
[F]				guā fēng	刮风	18	huí guó	回国	19
fāyīn	发音	12		guà	挂	7	huí jiā	回家	16
Fǎguócài	法国菜	6		guǎi	拐	13	huílai	回来	19
fǎlǜxì	法律系	12		guān	关	17	huì	会	17
Fǎyǔ	法语	11		guān mén	关门	13	**[J]**		
fàn	饭	17		guānshang	关上	19	jíshǐ…yě	即使…也	16
fángjiān	房间	11		guānxi	关系	6	jǐ diǎn	几点	13
fàng chūnjià	放春假	19		guānzhào	关照	5	jǐ yuè jǐ hào	几月几号	9
fàng hánjià	放寒假	20		guìtái	柜台	13	jì	系	10
fàngxīn	放心	19		guìxìng	贵姓	5	jìcuò	记错	19
fēicháng	非常	8		guójì	国际	8	jiā	家	9
fēn	分	13		guò	过	13	jiātíng zhǔfù	家庭主妇	12
fēnzhōng	分钟	13		guo	过	11	jiāyòng diànqì	家用电器	13
fēng	封	9		**[H]**			jiǎnféi	减肥	20
fúwùyuán	服务员	16		hái	还	11	jiàn	件	9,14
fùjìn	附近	11		hái hǎo	还好	6	jiàn	见	11
fùmǔ	父母	11		háishi	还是	12	jiànmiàn	见面	17
fùqin	父亲	11		hǎo	好	5,6	jiāo	教	10
Fùshìshān	富士山	7		hǎo jǐ	好几	20	jiāoshū	教书	11
fùxí	复习	11		hǎo jǐ nián	好几年	20	jiǎozi	饺子	16

pinyin	汉字	課
jiào	叫	5
jiàoshì	教室	19
jiē	接	7
jiéguǒ	结果	16
jiéhūn	结婚	11
jīn	斤	15
jīnnián	今年	9
jīntiān	今天	5
jǐnzhāng	紧张	8
jìn	进	7
jìnlai	进来	20
jìnzhǐ	禁止	17
jiǔ	九	9
jiǔ	酒	17
jiù shì	就是	13
jiù yào…le	就要…了	19
[K]		
kāfēi	咖啡	7
kǎlāOK	卡拉ＯＫ	12
kāi	开	17
kāi huā	开花	18
kāishǐ	开始	13
kàn	看	7,12
kàn shū	看书	17
kànbuqǐ	看不起	15
kànbuwán	看不完	15
kàndewán	看得完	15
kànkan	看看	14
kànwán	看完	15
kǎoshì	考试	19
kǎoyā	烤鸭	12
kē	棵	9
kěshì	可是	20
kěyǐ	可以	14
kè	刻	13
kè	课	6,10
kèren	客人	9
kōngtiáo	空调	11
kǒngpà	恐怕	15
kǒu	口	9
kǒuyǔ	口语	10
kǔ	苦	15
kuài	块（元）	14
kuài	块（かたまり）	16
kuài	快	17
kuàiyào…le	快要…了	19,20
kuàizi	筷子	16
[L]		
là	辣	15
la	啦	12
lái	来（注文する）	15
lái	来（来る）	13
lái kèren	来客人	18
láibují	来不及	15
láojià	劳驾	13
lǎo péngyou	老朋友	6
lǎoshī	老师	6
le	了₁（完了・実現）	13
le	了₂（文末）	14
lèi	累	16
lí	离	13
lǐwù	礼物	7
lìshǐ	历史	10
li	里	11
liǎng	两［量］	15,16
liǎng	两［数］	9
línjū	邻居	6
líng	○	9
lǐngdài	领带	10
Liú Shàoqí	刘少奇	8
liúxué	留学	16
liù	六	9
lóu	楼	13
lùxiàngjī	录像机	16
lùxiàngjī	录相机	11
lùyīnjī	录音机	11
luóbo	萝卜	14
lǚxíng	旅行	16
[M]		
māma	妈妈	9
mǎ	马	9
mǎshàng	马上	16
ma	吗	6
mǎi	买	14
mǎibudào	买不到	15
mǎidào	买到	14
mǎidedào	买得到	15
mǎilai	买来	19
màiwán	卖完	14
máng	忙	5,6
māo	猫	16
Máo Zédōng	毛泽东	8
máojīn	毛巾	16
màozi	帽子	9
méi	没	11
méi guānxi	没关系	6
méi wèntí	没问题	19
méi(you)	没(有)	6
Měiguó	美国	12
měitiān	每天	13
mèimei	妹妹	9
mén	门	17
ménkǒu	门口	17
míngnián	明年	18
míngtiān	明天	11
míngzi	名字	5
mòli huāchá	茉莉花茶	19
mǔqin	母亲	11
[N]		
ná	拿	17
nálai	拿来	19
náqi	拿起	19
náqilai	拿起来	19
náqu	拿去	19
náshǒucài	拿手菜	15
nǎ	哪	10
nǎr	哪儿	10,11
nà	那［接］	9

索　引　157

nà	那 [代]	7	qiánnián	前年	18	shǎo	少	18
nàr	那儿	10	qiántiān	前天	18	shéi	谁	5,10
nán	难	**10**	qiāo mán	敲门	7	shēntǐ	身体	**6**
nán de	男的	18	qiézi	茄子	14	shénme	什么	5,10
ne	呢（～は？）	5	qíng jiàn duō yún			shénme shíhou	什么时候	17
ne	呢（～している）	18		晴间多云	18	shēngri	生日	9
něi wèi	哪位	18	qíng zhuǎn yīn	晴转阴	18	shí	十	9
něige／nǎge	哪个	10	qǐng	请		shíjiān	时间	13,16
nèige／nàge	那个	10		（どうぞ～してください）	5	shítou	石头	16
néng	能	14	qǐng	请		shízì lùkǒu	十字路口	13
nǐ	你	5		（招待する，おごる）	18	shì	是	**6**
nǐmen	你们	5	qǐng wù dòngshǒu			shìchuān	试穿	14
nián	年	9		请勿动手	17	shì…de	是…的	19
niǎo	鸟	16	qǐngwèn	请问	5	shìr	事儿	**17**
nín	您	5	qù	去	13	shìshi	试试	14
nǔlì	努力	20	qùnián	去年	18	shǒubiǎo	手表	10
[P]			quàn	劝	18	shǒujī	手机	**11**
pài	派	18	**[R]**			shòu huānyíng	受欢迎	**15**
pǎochu	跑出	19	ràng	让	**20**	shū	书	7
pǎohui	跑回	19	rè	热	5	shūbāo	书包	16
pǎojinqu	跑进去	19	rén	人	9	shù	树	9
pǎoqu	跑去	19	rènshi	认识	5	shuāng	双	16
péngyou	朋友	6	rènzhēn	认真	**20**	shuǐjiǎo	水饺	**15**
píjiǔ	啤酒	16	rì	日	9	shuì	睡	17
píxié	皮鞋	13	Rìběn	日本	12	shuìjiào	睡觉	10
pǐ	匹	9	Rìběnrén	日本人	6	shùnbiàn	顺便	13
piányi	便宜	14	Rìwén	日文	17	shuō	说	17,18
piàoliang	漂亮	16	Rìběncài	日本菜	6	shuōbudìng	说不定	15
píngguǒ	苹果	9	rúguǒ…jiù	如果…就	16	shuō huà	说话	7
pútao	葡萄	14	**[S]**			sīchóu	丝绸	16
[Q]			sān	三	9	sì	四	9
qī	七	9	shān	山	9	Sìchuāncài	四川菜	6
qīyuè	七月	9	shāngdiàn	商店	13	sòng	送	15
qípáo	旗袍	19	shàng chē	上车	7	sònggěi	送给	19
qǐchuáng	起床	18	shàng ge yuè	上个月	18	sùshè	宿舍	**11**
qiān	千	9	Shànghǎi	上海	18	suān	酸	15
qiānbǐ	铅笔	9	shàngkè	上课	14	suīrán…dànshì	虽然…但是	16
qián	前	**13**	shàng xīngqī	上星期	18	suì	岁	**9**
qián	钱	7	shàngwǔ	上午	13	suìshu	岁数	**9**
qiánbāo	钱包	17	shāo děng yíxià	稍等一下	14			

[T]

T xù	T恤	19
tā	他	5
tā	她	5
tā	它	5
tāmen	他们	5,8
tāmen	她们	5
tāmen	它们	5
tái	台	16
tài	太	14
tài hǎo le	太好了	17
tài kèqi le	太客气了	7
tán	弹	17
tànqīn	探亲	20
tèbié	特别	17
tiān	天	20
tiānqì	天气	6
tiānqì yùbào	天气预报	18
tián	甜	15
tiáo	条	16
tiàowǔ	跳舞	10
tīng	听	12
tīngbudǒng	听不懂	15
tīngdedǒng	听得懂	15
tīngdǒng	听懂	14
tīngshuō	听说	19
tīngting	听听	14
tǐng	挺	19
tóngshì	同事	6
tóngxiāng	同乡	6
tóngxué	同学	6
túshūguǎn	图书馆	7
túzhāng	图章	19
tuō	托	19

[W]

wàzi	袜子	16
wàibian	外边	16
wǎn	晚	17
wǎnfàn	晚饭	11
wǎnshang	晚上	13
wàn	万	9
wǎng	往	13
wàng	忘	17
wèi	位	9
wèi shénme	为什么	18
wèile	为了	20
wénxué	文学	10
wèn	问	10
wèntí	问题	10
wǒ	我	5
wǒmen	我们	5
wūlóngchá	乌龙茶	11,19
wǔ	五	9
wǔfàn	午饭	16
wǔliángyè	五粮液	19
wǔyuè	五月	9

[X]

xīfú	西服	10
xīguā	西瓜	14
xī yān	吸烟	17
xǐ	洗	18
xǐhuan	喜欢	12
xǐyījī	洗衣机	11
xǐzǎo	洗澡	7
xì	系	10
xià ge yuè	下个月	18
xiàwǔ	下午	13,16
xià xīngqī	下星期	18
xià xuě	下雪	18
xià yǔ	下雨	18
xiàndài	现代	10
xiànzài	现在	12
xián	咸	15
xiánrén miǎn jìn	闲人免进	17
xiǎngbudào	想不到	15
xiǎng	想	17,18
xiǎo	小	7
xiǎojie	小姐	18
xiǎoshí	小时	13
xié	鞋	10
xièxie	谢谢	7
xìn	信	9
xīngqī	星期	13
xīngqī'èr	星期二	10
xīngqīliù	星期六	10
xīngqīsān	星期三	10
xīngqīsì	星期四	10
xīngqītiān	星期天	10
xīngqīwǔ	星期五	10
xīngqīyī	星期一	10
xìng	姓 [動]	5
xìng	姓 [名]	8
xiūxi	休息	7
xué	学	11
xuéhuì	学会	14
xuésheng	学生	8
xuéxí	学习	7
xuéxiào	学校	12

[Y]

yān	烟	9
yǎnjìng	眼镜	10
yáng	羊	16
yào	要 [動]	13
yào	要 [助動]	18
yào…le	要…了	19
yàoshi	要是	17
yě	也	5
yèli	夜里	13
yèyú àihào	业余爱好	12
yī	一	9
yìdiǎnr	一点儿	7
yídìng	一定	19
yígòng	一共	12
yí lù shùn fēng	一路顺风	19
yī niánjí	一年级	12
yíxià	一下	7
yīyuè	一月	9
yìzhí	一直	13

索 引 159

yīfu	衣服	9		zài	在（進行）	18		zhǒng	种	14
yǐhòu	以后	5		zài	再	17		Zhōu Ēnlái	周恩来	8
yǐjing	已经	16		zǎo	早	18		Zhū Dé	朱德	8
yǐzi	椅子	9		zǎoshang	早上	13		zhǔshí	主食	15
Yìdàlìcài	意大利菜	6		zěnme	怎么	13		zhù	祝	19
yīnwèi…suǒyǐ	因为…所以	16		zěnmeyàng	怎么样	6		zhuānyè	专业	10
yīnyuè	音乐	10,12		zhàn	站	17		zhuàn	转	16
yìnní	印泥	19		zhāng	张	9		zhuāng	装	7
Yīngwén	英文	20		zhàoxiàngjī	照相机	11		zhǔnbèi	准备	20
Yīngyǔ	英语	12		zhè	这	7		zhuōzi	桌子	9
yóuyǒng	游泳	17		zhèr	这儿	10		zìjǐ	自己	17
yǒu	有	6,9		zhe	着	17		zìxíngchē	自行车	11
yǒudiǎnr	有点儿	7		zhèige／zhège	这个	10		zǒu	走	13
yǒu xìngqu	有兴趣	11		zhèige xīngqī	这个星期	18		zǒuchulai	走出来	19
yǒuyì	友谊	20		zhèige yuè	这个月	18		zǒushang	走上	19
yǒu yǔ	有雨	18		zhēn de	真的	17		zǒuxia	走下	19
yòu	右	13		zhī	枝	9		zuì	最	12
yòu	又	17		zhī	只	16		zuótiān	昨天	17
yúshì	于是	20		zhī	支／枝	16		zuǒbiānr	左边儿	13
yúxiāng ròusī	鱼香肉丝	15		zhǐ	只	16		zuǒyòu	左右	13
yǔsǎn	雨伞	9		zhǐ	纸	9		zuò	坐	7
yuánzhūbǐ	圆珠笔	16		zhōng	钟	13		zuò	做（する）	10
yuǎn	远	13		Zhōngguó	中国	6,8		zuò	做（作る）	18
[Z]				Zhōngguócài	中国菜	6		zuò	座	9
zázhì	杂志	9		Zhōngguórén	中国人	6		zuòhǎo	坐好	14
zài	在［前］	11		Zhōngwén	中文	7,10		zuòhǎo	做好	19
zài	在［動］	11		zhōngwǔ	中午	13				

CD 吹込者
中国語：凌 慶成・何 立人・呉 志剛
日本語：槇 彩文子

語学三十六景──中国語入門
2000 年 3 月 15 日　初版第 1 刷発行
2013 年 2 月 25 日　初版第 12 刷発行

著　　者●相原茂＋陳淑梅
発行者●山田真史
発行所●株式会社東方書店
　　　　東京都千代田区神田神保町 1-3　〒 101-0051
　　　　電話(03)3294-1001　振替東京 00140-4-1001
　　　　営業電話(03)3937-0300
装　　幀●株式会社知覧俊郎事務所
印刷・製本●倉敷印刷株式会社
CD 製作●株式会社東京録音

定価はカバーに表示してあります。

Ⓒ 2000　相原茂＋陳淑梅　　Printed in Japan
ISBN978-4-497-99565-0　C3087
乱丁・落丁本はお取り替えいたします。直接小社までお送りください。
Ⓡ本書の全部または一部を無断で複写複製（コピー）することは、著作権法上での例外を除き禁じられています。本書からの複写を希望される場合は日本複製権センター(03-3401-2382)にご連絡ください。
小社ホームページ〈中国・本の情報館〉で小社出版物のご案内をしております。
http://www.toho-shoten.co.jp/

好評発売中

東方中国語辞典

相原茂・荒川清秀・大川完三郎主編／中国人の身近なことばや用例を多数収録。付録も充実。学習やビジネスに威力を発揮。斬新なデザインと2色刷りで引き易い中国語辞典。……… 四六判2120頁◎定価5250円（本体5000円）978-4-497-20312-0

精選日中・中日辞典 改訂版

姜晩成・王郁良編／日中辞典約2万語、中日辞典約2万2000語の語彙を収録。学習に旅行にビジネスに携帯便利なポケット辞典。
…………… ポケット判1408頁◎定価2625円（本体2500円）978-4-497-20002-0

中国語文法用例辞典

《現代漢語八百詞 増訂本》日本語版

呂叔湘主編／牛島徳次・菱沼透監訳／本格的文法辞典として名高い《現代漢語八百詞》増訂本（商務印書館、1995）を完訳。大幅な加筆修正を行い、収録語は全部で約1000語に。… 四六判608頁◎定価5040円（本体4800円）978-4-497-20303-8

日中同形異義語辞典

王永全・小玉新次郎・許昌福編著／日本語と中国語で、そのまま使うと通じない、あるいは誤解を招く「同形異義語」約1400組を五十音順に収録。中国語の用例にはピンインを付す。 四六判368頁◎定価2520円（本体2400円）978-4-497-20714-2

やさしくくわしい中国語文法の基礎

守屋宏則著／初級から中級まで、学習者のニーズに応える参考書の決定版。本文中の例文には日本語訳とピンインを付す。検索機能も充実。
……………… A5判360頁◎定価2100円（本体2000円）978-4-497-94438-2

東方書店ホームページ〈中国・本の情報館〉 http://www.toho-shoten.co.jp/

好評発売中

中国語の学び方

相原茂著／体験にもとづき読者に語りかける楽しい語学エッセイ。ユーモアあふれる語り口で中国語学習のポイント・楽しさ・コツを伝授。
……………… 新書判 216 頁◎定価 1050 円（本体 1000 円）978-4-497-99567-4

あ、知ってる中国語
常用文ファイル 50

相原茂著／日常生活に密着した 50 のフレーズについて、使い分けや日本語とのニュアンスの違いなどを解き明かす語学エッセイ第 2 弾。
……………… 新書判 224 頁◎定価 1260 円（本体 1200 円）978-4-497-20020-4

中国語基本単語 1400〔CD 付〕

相原茂編／各種試験で頻出する基本語彙約 1400 を品詞別に分類、さらに日本語との比較によるわかりやすさから 3 グループに分け、意味分野で配列。
……………… A5 判 320 頁◎定価 2310 円（本体 2200 円）978-4-497-20015-0

中国語おさらいドリル
マーキングで覚える基本構造

大塚順子著／陳文芷監修／文章の「核になる部分」を見つける練習を繰り返して中国語の文の構造をつかむと同時に、文法の復習ができるように構成。
……………… B5 判 104 頁◎定価 1470 円（本体 1400 円）978-4-497-21103-3

中国語作文のための短文練習
中文造句

中山時子・飯泉彰裕著／豊富な練習問題と日本人の間違いやすいポイントに重点を置いたていねいな解説で、正確な語法と表現力を身につける。
……………… B5 判 224 頁◎定価 2520 円（本体 2400 円）978-4-497-99560-5

東方書店ホームページ〈中国・本の情報館〉http://www.toho-shoten.co.jp/

好評発売中

中国語口語表現
ネイティヴに学ぶ慣用語〔CD付〕

沈建華編著／是永駿・陳薇編訳／中国人同士のふだんのおしゃべりに耳を傾け、生きた慣用表現を体感しよう。約1000例を収録した「例文解釈」別売CDあり（定価2940円）。…… A5判352頁◎定価2940円（本体2800円）978-4-497-20911-5

街なかの中国語
耳をすませてリスニングチャレンジ〔MP3CD付〕

孟国主編／井田綾訳／友だち同士の会話、電話での問合せ、銀行や病院でのやりとり、テレビ番組など、生の中国語を収録。雑音あり・早口・不明瞭な「聞き取れない」中国語に挑戦！ A5判268頁◎定価3150円（本体3000円）978-4-497-21208-5

映画でたのしく中国語
アン・リーの〈飲食男女〉
パソコンで学ぶ双方向学習教材〔DVD-ROM1枚付〕

信世昌主編／LiveABC双方向語学教育グループ製作／アン・リー監督『飲食男女（邦題：恋人たちの食卓）』全編を使い、マルチメディアならではの機能を活かして学習。… A5変型判256頁◎定価2940円（本体2800円）978-4-497-20910-8

論説体中国語 読解力養成講座
新聞・雑誌からインターネットまで

三潴正道著／新聞・雑誌・インターネットなどから幅広く情報を得るために。中国語の代表的な書き言葉「論説体」の読解力を伸ばす参考書兼問題集。圧巻の練習問題500問！ ……… B5判208頁◎定価2520円（本体2400円）978-4-497-21007-4

DVDで学ぶ ライブビジネス中国語
〔DVD-ROM1枚付〕

LiveABC製作／会議や接待、契約などのビジネスシーンをDVD-ROMで学習。日本語・中国語字幕の切替、会話スピードの変更、単語登録などの機能付き。音声MP3収録。 … A5変型判192頁◎定価2310円（本体2200円）978-4-497-21117-0

東方書店ホームページ〈中国・本の情報館〉http://www.toho-shoten.co.jp/

中国語基本音節表

「ゼロ」とは前に声母(頭子音)がつかないこと

i, u, ü ではじまる音は前に声母がつかない時は下の段のように書きかえる

上と下の段はまったく同じ音

	韻母 声母	介音なし															介音 i										介音 u									介音 ü			
		a	o	e	-i[ ]	-i[ ]	er	ai	ei	ao	ou	an	en	ang	eng	-ong	i[i]	ia	iao	ie	iou	ian	in	iang	ing	iong	u	ua	uo	uai	uei	uan	uen	uang	ueng	ü	üe	üan	ün
0	ゼロ	a	o	e			er	ai	ei	ao	ou	an	en	ang	eng		yi	ya	yao	ye	you	yan	yin	yang	ying	yong	wu	wa	wo	wai	wei	wan	wen	wang	weng	yu	yue	yuan	yun
1	b	ba	bo					bai	bei	bao		ban	ben	bang	beng		bi		biao	bie		bian	bin		bing		bu												
2	p	pa	po					pai	pei	pao	pou	pan	pen	pang	peng		pi		piao	pie		pian	pin		ping		pu												
3	m	ma	mo	me				mai	mei	mao	mou	man	men	mang	meng		mi		miao	mie	miu	mian	min		ming		mu												
4	f	fa	fo						fei		fou	fan	fen	fang	feng												fu												
5	d	da		de				dai	dei	dao	dou	dan	den	dang	deng	dong	di		diao	die	diu	dian			ding		du		duo		dui	duan	dun						
6	t	ta		te				tai		tao	tou	tan		tang	teng	tong	ti		tiao	tie		tian			ting		tu		tuo		tui	tuan	tun						
7	n	na		ne				nai	nei	nao	nou	nan	nen	nang	neng	nong	ni		niao	nie	niu	nian	nin	niang	ning		nu		nuo			nuan				nü	nüe		
8	l	la		le				lai	lei	lao	lou	lan		lang	leng	long	li	lia	liao	lie	liu	lian	lin	liang	ling		lu		luo			luan	lun			lü	lüe		
9	g	ga		ge				gai	gei	gao	gou	gan	gen	gang	geng	gong											gu	gua	guo	guai	gui	guan	gun	guang					
10	k	ka		ke				kai	kei	kao	kou	kan	ken	kang	keng	kong											ku	kua	kuo	kuai	kui	kuan	kun	kuang					
11	h	ha		he				hai	hei	hao	hou	han	hen	hang	heng	hong											hu	hua	huo	huai	hui	huan	hun	huang					
12	j																ji	jia	jiao	jie	jiu	jian	jin	jiang	jing	jiong										ju	jue	juan	jun
13	q																qi	qia	qiao	qie	qiu	qian	qin	qiang	qing	qiong										qu	que	quan	qun
14	x																xi	xia	xiao	xie	xiu	xian	xin	xiang	xing	xiong										xu	xue	xuan	xun
15	zh	zha		zhe	zhi			zhai	zhei	zhao	zhou	zhan	zhen	zhang	zheng	zhong											zhu	zhua	zhuo	zhuai	zhui	zhuan	zhun	zhuang					
16	ch	cha		che	chi			chai		chao	chou	chan	chen	chang	cheng	chong											chu	chua	chuo	chuai	chui	chuan	chun	chuang					
17	sh	sha		she	shi			shai	shei	shao	shou	shan	shen	shang	sheng												shu	shua	shuo	shuai	shui	shuan	shun	shuang					
18	r			re	ri					rao	rou	ran	ren	rang	reng	rong											ru	rua	ruo		rui	ruan	run						
19	z	za		ze		zi		zai	zei	zao	zou	zan	zen	zang	zeng	zong											zu		zuo		zui	zuan	zun						
20	c	ca		ce		ci		cai		cao	cou	can	cen	cang	ceng	cong											cu		cuo		cui	cuan	cun						
21	s	sa		se		si		sai		sao	sou	san	sen	sang	seng	song											su		suo		sui	suan	sun						

3つの i ／ 区別して発音 ／ 消える o ／ a の発音注意 ／ 消える e ／ 消える e ／ jqxy の後で消える ü の点